JN441367

고려와
발해를
잇다

고려와 발해를 잇다

후삼국시대 이후의 경계인과 발해유민 이야기

초판 1쇄 발행 2026년 1월 19일

지은이 우재훈
펴낸이 장길수
펴낸곳 지식과감성#
출판등록 제2012-000081호

교정 김지원
디자인 정윤솔
편집 정윤솔
검수 정은솔, 이현
마케팅 김윤길

주소 서울시 금천구 벚꽃로298 대륭포스트타워6차 1212호
전화 070-4651-3730~4
팩스 070-4325-7006
이메일 ksbookup@naver.com
홈페이지 www.knsbookup.com

ISBN 979-11-392-3042-0(03910)
값 15,000원

지식과감성#
홈페이지 바로가기

고려와 발해를 잇다

후삼국시대 이후의 경계인과
발해유민 이야기

우재훈 지음

지식과감성#

목차

프롤로그

고려인 강전의 미스터리

1006년의 어느 날, 중국의 송나라에서 한 외국인 출신 관료가 세상을 떠났다. 일찍이 그는 조정에서 청렴함과 성실성, 또 행정 능력까지 겸비한 것으로 널리 알려졌고, 나아가 지방관으로 재직하면서는 스스로 성과를 통해 포상을 받는 등 여러모로 정부의 인정을 받는 인물이었다. 이에 송 황제 진종(眞宗)은 그의 마지막 순간까지도 특별히 우대하여 상을 마치도록 배려해 줄 정도였다.

그의 이름은 강전(康戩)으로, 고려에서 976년경 송나라로 유학을 떠나와서 980년에 시험에 합격하여 당시 외국인 신분이었음에도 정식으로 엘리트 관료로서 경력을 쌓아나갈 수 있었다. 그런데 그가 살아생전 주변에 자신의 젊었을 적 이야기를 하였던 내용이 지금껏 전해진다.

"나는 어려서 학문을 좋아하였는데, 마침 흘승(紇升)이 거란과 전쟁을 하자 나는 아버지를 따라나섰다가 목엽산(木葉山) 아래에서 싸우던 중 연달아 화살 2대를 맞았으나 이에 굴하지 않았었소. 뒤에 거란이 함락하여 묵두령(墨斗嶺)으로 도망쳐 있다가 다시 황룡부(黃龍府)에 이르러서는 지름길로 고려로 돌아왔는데, 그때 아버지도 여전히 살아 계셨었지. 아버지가 과거시험에 응시하라고 보내주셔서 이곳 국학(國學)에서 학문을 익혔소."

이 사건이 벌어졌던 당시는 대략 975년 7월부터 9월 사이쯤 되는데, 놀라운 것은 바로 그 전장의 위치였다. 목엽산은 당시 거란의 수도 상경(上京) 가까이에 있던 산으로, 오늘날 중국 내몽골자치구 동부에 해당한다. 거란 태조 야율아보기(耶律阿保機)가 925년 말에 발해 원정을 떠나기 전 직접 출정 의식을 거행하였던 장소이기도 하다. 그리고 묵두령은 오늘날 발해만으로 흘러가는 롼허(灤河)에서 멀지 않은 곳에 위치해 있었다. 또한 그가 피신했다는 황룡부는 원래 발해에서 거란 방비의 최전선으로 삼았던 부여부(扶餘府)라는 곳으로, 이 역사적 사건이 처음 일어난 시발점이기도 했다. 아마도 목엽산 전투 후 멀리 남쪽까지 피신했다가 다시 동북쪽으로 부여 지역에 들러 전우들과 헤어진 다음 고국인 고려로 돌아간 경로로 보인다.

가장 놀라운 점은 이 전쟁의 당사자인 흘승이라는 존재이다. 흘승은 고구려의 초기 수도였던 흘승골성(紇升骨城)의 바로 그 흘승을 지칭한다. 또 다른 이름으로 광개토대왕릉비에서는 홀본(忽本), 『삼국사기』에서는 졸본(卒本)이라고 기록하기도 한 지역이다. 곧 거란에 저항한 흘승이라는 세력은 스스로 고구려의 후예임을 강하게 인식하고 있었다는 점을 알 수가 있는데, 실제로 975년에 이를 주도한 이의 이름이 역사서에 남아 있다.

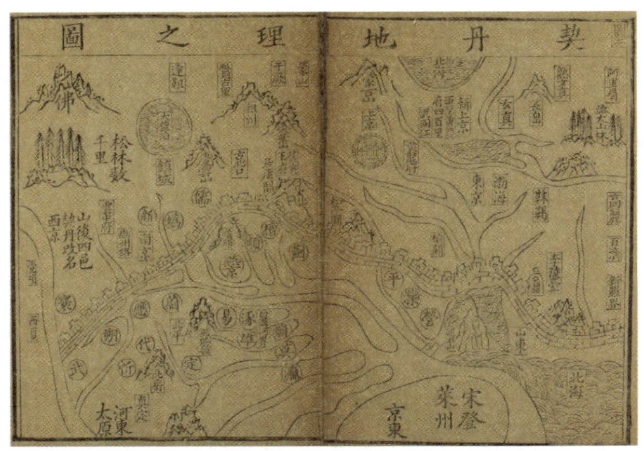

거란지리지도(상경(上京) 왼쪽에 목엽산,
오른쪽에 황룡부, 더 동쪽에 동경과 발해), 거란국지

바로 발해유민이었던 연파(燕頗) 혹은 염부(琰府)라고 불린 인물이다. 그는 거란의 황룡부에서 장수로 있었는데 그해 7월에 거병하여 거란 정부를 압도하였지만 결국 토벌군에 밀려 두 달 만에 자신의 본거지였던 황룡부, 곧 옛 부여부를 잃고는 잔존 세력을 이끌고 올야성으로 망명하였다. 이 올야라는 이름 역시 주목할 만한데, 발음에 따라서는 오사성이라고도 불린 이곳은 당시 발해의 후예였던 정안국의 또 다른 이름 내지 그 수도의 명칭이었기 때문이다. 연파는 이곳 정안국 내에서 자신의 세력을 중심으로 부여부의 망명정부를 새롭게 맡게 된다.

한마디로 강전은 고려 사람이었음에도 아버지와 함께 발해유민들이 일으킨 대거란 항전에 개입하여 직접 교전도 벌였다가, 결국 패하자 다시 본국으로 돌아온 후 거란과는 원수지간이었던 송나라로 유학을 떠났다는 것이었다. 너무도 믿기 힘든 이야기이다 보니 그가 지어낸 것이 아닐까 싶을 정도이지만, 엄연히 이 내용은 그의 공식 행적으로 송나라의 역사서에 기록된 사항이다.

그렇다면 그가 고려에서도 출신이 불분명했던 인물인가 하면 또 그렇지도 않다. 나중에 좀 더 자세히 다루겠지만, 어쨌든 그의 아버지 강윤(康允)만 하더라도 고려에서 3대째 병부시랑(兵部侍郎), 곧 국방부 차관급의 고위직을 역임하였던 인사였으니 나름 뼈대 있는 가문 출신이었다. 더욱이 그는 당시 송나라 조정 내에서도 무려 20여 년간 앞만 바라보며 근면 성실하게 일에만 집중하면서 명성을 쌓아온 정통 관료였기에 굳이 자신의 영웅담을 꾸며낼 만한 동인도 딱히 없었으니, 이 일화를 그의 허언증 탓으로 돌릴 수도 없는 노릇이다.

그렇다면 도대체 이 일은 어떻게 가능했던 것일까? 그간 우리는 발해 멸망 후 그 유민들이 고려로 이주해 온 것만을 배워왔을 뿐, 거꾸로 고려에서 발해의 항거에 동참한 사실은 제대로 배운 바가 없었다. 그러나 한편 잘 생각해 보면 물리학에서도 작용이 있으면 반작용이 있듯이 역사에서도 역시 일방적인 하나의 흐름만 있는 것이 아니라 어떤 형태로든 양방향의 교류가 있게 마련일 터이니 이는 결코 불가능한 이야기만은 아닐 것이다.

강전이라는 한 인물이 자신이 이민을 떠난 곳에서 우연히 남긴 젊었을 적 경험을 토대로 오랫동안 잊혀 있던 고려와 발해 사이에 존재했을 숨겨진 교류의 역사를 재발굴할 때가 되었다.

1장

남북국시대 말의 위기

1장

남북국시대 말의 위기

880년 9월 가을의 어느 날, 신라 헌강왕(憲康王)이 신하들을 대동하여 월상루(月上樓)에 올라서 주위를 둘러보니 서울의 민가들이 서로 맞닿아 있고 노래와 음악 소리가 그치지 않았다. 왕이 당시 국무총리급인 시중에게 물었다.

"듣기로는 지금 민간에서 지붕을 기와로 덮고 띠풀로 이지 않는다고 하고, 밥을 숯으로 짓고 땔나무를 쓰지 않는다고 하는데 과연 그러한가?"

"네, 그렇습니다. 주상께서 즉위하신 이래 음양이 조화롭고 비바람이 순조로워 해마다 풍년이 들어 백성들은 먹을거리가 넉넉하고, 변방 지역은 잠잠하여 민간에서는 기뻐하고 즐거워하니, 이는 전하의 성스러운 덕의 소치이옵니다."

"이는 경들의 보좌 덕분이지 내게 무슨 덕이 있겠는가?"

헌강왕이 나름 겸손을 보인다며 이와 같이 대꾸한 것이었지만 내심 기뻐하는 기색을 감출 수는 없었다. 한 국가에 흥망성쇠(興亡盛衰)가 있다면 자신의 치세가 가장 성(盛)한 시기임을 자부할 수 있었기 때문이다.

다만 이때의 헌강왕 입장에서는 하등 관심도 없었겠지만, 성 다음에는 쇠(衰)가 오는 것이 자연의 순리이다. 표면적으로는 태평성대로 보였을 이때의 신라는 사실 몰락의 길로 굴러떨어지기 직전이었다. 높이 올랐다가 갑자기 떨어질 때의 그 충격은 오히려 가장 큰 법이다. 이로부터 불과 9년 후에 자신의 여동생이었던 진성왕(眞聖王) 때에 신라는 쇠망의 길로 들어서게 된다.

> (889년) 나라 안의 모든 주군(州郡)에서 세금을 납부하지 않아 국가의 재정이 궁핍해졌다. 진성왕이 각지에 사신을 파견해 독촉하니 도처에서 반란이 일어났다.

이렇듯 그 기점을 역사에서는 889년으로 잡고 있지만, 그 전부터 조짐은 이미 보이고 있었다.

> (886년) 나라의 서쪽 지방에 가뭄이 들어 작물이 제대로 자라지 못하였다.
> (887년) 겨울에 눈이 내리지 않았다.
> (888년) 여름 5월에 가뭄이 들었다.

연속된 기상이변은 결국 국가 생산력에 큰 타격을 입혔고, 세금을 납부해야 할 국민들의 삶 자체가 극도로 궁핍해지자 그 여파로 자연히 정부의 세입 또한 급감하지 않을 수가 없었다. 여기서 기름에 불을 붙인 것이 바로 세금 독촉이었다. 사회적 탄성(social elasticity)을 감안해 보자면, 일반 백성들 입장에서는 어느 정도까지는 권력의 핍박에 어쩔 수 없이 견뎌야 한다고 스스로 납득을 한다. 하지만 그 수준이 감내할 수 있는 정도를 훨씬 넘어서게 되면 사회적 탄성이 깨져서 결국 스스로 죽기 아니면 까무러치기의 단계로 넘어가 생존을 위해서라도 집단적으로 들고 일어서지 않을 수 없게 된다.

그 첫 타자는 원종(元宗)과 애노(哀奴)라는 인물로, 사벌주(沙伐州, 오늘날 경북 상주 지역)에서 봉기하였다. 아마도 해당 지역의 지배계급이 주도한 게 아니라 자발적인 농민 반란이었던 모양인데, 이들이 얼마나 세력이 대단했던지 정부의 정규 토벌군마저도 이들에게 완패할 지경이었다. 다만 이는 시작이었을 뿐, 죽주(竹州, 오늘날 경기도 안성 지역)의 기훤(箕萱), 북원(北原, 오늘날 강원도 원주 지역)의 양길(梁吉)과 그에게 새롭게 합류한 궁예(弓裔), 완산(完山)과 무주(武州)를 세력권으로 삼아 후백제를 선포한 견훤(甄萱), 신라의 수도 인근까지 쳐들어올 만큼 기세가 등등했던 붉은바지단(赤袴賊), 얼마 후 궁예에게 귀부하게 되는 송악군(松岳郡, 오늘날 북한의 개성 지역)의 왕륭(王隆), 즉 왕건의 아버지 등 수많은 이들이 벌떼처럼 일어났다.

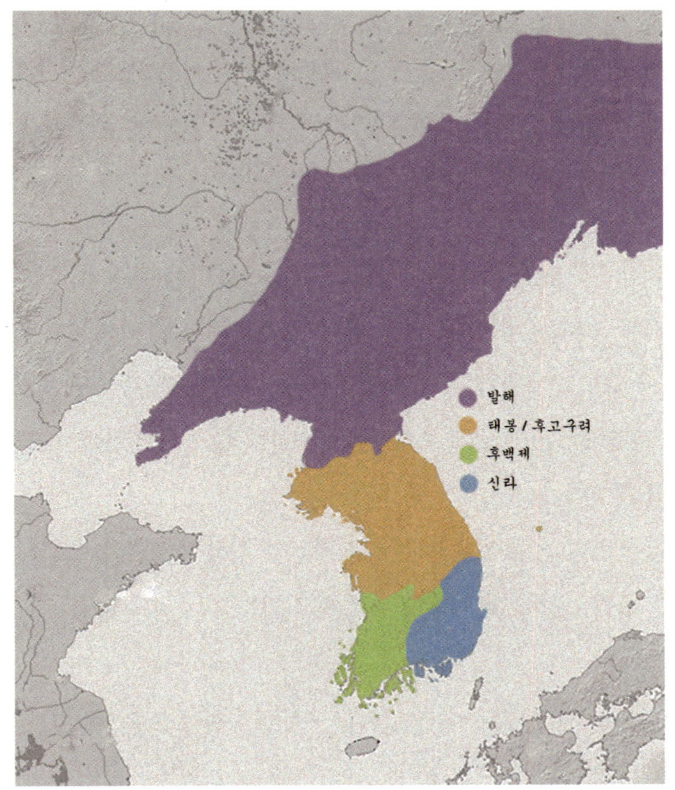

후삼국시대, Wikipedia

다수의 민중들에게는 생존을 위한 극한의 투쟁의 장이 펼쳐진 것이었지만, 또 누군가에게는 혹 평화로운 시기였다면 꿈도 꾸지 못했을 억눌린 야심을 마음껏 펼쳐볼 수 있는 기회가 주어진 셈이었다.

한편, 이 무렵의 북국 발해도 신라와 별반 차이가 없었다.

(886년) 봄에 북진(北鎭)에서 적국인(狄國人)[1]이 진에 들어와 나무 조각을 걸어두고 돌아갔다고 정부에 보고하면서 증거물을 첨부하였다. 그 조각에는 "보로국(寶露國)과 흑수국(黑水國)이 함께 신라국과 화친하여 교류하고자 합니다."라고 쓰여 있었다.

중앙정부가 눈을 시퍼렇게 뜨고 있던 시절이라면 상상도 못 했을 일이지만, 886년경 발해 역시 남국 신라와 마찬가지로 기후변화에 따른 극심한 경제위기를 겪고 있었던 듯, 중앙에서 멀리 떨어진 이곳 변경 지역에서도 자체적으로 생존을 위해 주변국에 손길을 뻗치고 있었던 것이다.

이뿐만 아니라, 실제로 900년을 전후한 시점에 신라와 접경해 있던 발해의 남부 지역은 폐허처럼 몰락해 있었다.

(901년) "지난날 신라가 당나라에 군사를 청하여 고구려를 멸망시켰던 까닭에 평양 옛 도읍은 잡초로 가득 차 있다." – 궁예
(918년) "평양은 옛 도읍으로 황폐한 지 비록 오래지만 터는 그대로 남아 있다. 그러나 가시덤불이 무성해 번인(蕃人)들이 그 사이를 사냥하느라 옮겨 다니고 이로 인하여 변경 마을들을 침략하니 그 피해가 매우 크다." – 왕건
(920년 3월) 북계(北界)의 골암진(鶻岩鎭)이 자주 북방 오랑캐(北狄)의 침입을 받았다.
(921년 2월) 흑수의 추장 고자라(高子羅) 등 170명이 투탁하여 왔다.

1 당시 발해의 지방 말갈인들을 지칭

말갈의 별부(別部)인 달고(達姑)의 무리 171명이 신라 북쪽 변경에 와서 사람들을 해치고 도적질을 하였다.

(921년 4월) 흑수의 아어간(阿於間)이 200명을 이끌고 내투하였다.

여기서 번인이나 북방 오랑캐, 흑수 등으로 표현된 이들은 모두 발해 변방의 피지배 거주민들로, 나중에 여진(女眞)족이라고 불리게 되는 통칭 말갈(靺鞨)인들을 의미한다. 이들이 고려 사회로 망명을 온 것은 분명 살아남기 위한 몸부림이었을 테고, 그 외에도 고려의 북방 영토를 침입해 온 것 역시 단순히 욕심 때문이 아니라 생존을 위한 궁여지책이었을 공산이 크다. 중앙정부가 제 기능을 다하고 있었다면 지방의 일개 거주민들이 갑자기 국경 너머로 무모하게 월경을 하며 약탈자로 변모할 리 만무하기 때문이다.

이를 보면 당시에는 변경의 한 도시에 불과했지만 한때 한 국가의 수도이기도 했던 평양조차 이 정도였으니, 이 무렵 발해의 지방에 대한 통제력이 사실상 붕괴된 상황에 이르자 개별 집단들이 살기 위해 각자도생에 나서게 된 것임을 미루어 짐작할 수 있다.

사실 이 당시 발해는 중앙정부부터 문제였는데, 극단적으로 말해서 중국 측 기록에서 이 당시 발해의 국왕이 누구인지도 딱히 나오지 않을 정도로 국제 외교의 무대에서조차 존재감이 완전히 사라져 있던 게 곧 발해였다. 13대 국왕 대현석(大玄錫)과 마지막 국왕 대인선(大諲譔) 사이에 대위해(大瑋瑎)라는 또 다른 국왕이 존재했었다는 사실이 밝혀지는 것은 무려 1천 년이 지난 20세기 초의 일이다. 이 당시 발해에서는 타국과의 전쟁 등 외환(外患)은 없었던 상황이었으니, 이는 결국 내우(內憂)로 인한 것으로 해석된다. 그렇다면 그것은 신라와 마찬가지로 국가적인 경제위기로 볼 여지가 크다.

아직 거란이 발해를 본격적으로 침공하기 전 원래 오랫동안 발해 땅이었던 요양(遼陽, 오늘날 랴오닝성의 중심도시인 랴오닝)과 그 일대의 현실만 봐도 발해 내부의 상황을 미루어 짐작할 수가 있다. 다음은 발해와 국경을 맞대고 있던 거란의 태조 야율아보기의 기록이다.

> (915년 10월) 압록강에서 낚시를 하였다.
> (918년 12월) 요양의 옛 성(遼陽故城)에 행차하였다.
> (919년 2월) 요양의 옛 성을 수리하여 한인과 발해인들로 채우고는, 동평군(東平郡)으로 개칭하고 방어사를 두었다.

즉 이미 발해는 지방에 대한 통제력이 사실상 붕괴되어 제반 행정이 방치되어 있었음이 여러모로 확인되는 것이다. 적국 거란이 발해의 비어 있는 성을 그대로 접수하여 자신의 영토로 삼는 것은 물론, 심지어 당시 국경 너머 압록강까지도 활보할 정도로 발해의 영향력은 상당 부분 소멸된 상태였다.

사실 이는 한반도와 만주만의 문제가 아니라 동아시아 전체의 이슈이기도 했다. 동시대의 중국 당나라 역시 심각한 기근과 재정 악화로 인해 지역의 농민들을 가혹하게 착취하다가, 그 반발로 875년에 지금의 산동성 출신의 황소(黃巢)가 봉기를 일으켰다. 무려

10년간 지속된 황소의 난은 당 황제가 수도를 버리고 도망쳐야 할 정도로 커다란 영향을 미쳤던 일대 사건이었다. 온갖 좌충우돌 끝에 884년 마무리는 되지만, 그 결과로 정부의 재정은 결국 파탄 나서 당나라 자체가 몰락하는 계기가 되고 만다.

아마도 동아시아 일대를 휩쓴 기후 위기가 당장 심각한 경제문제로 이어졌고, 여기에 다시 각국 정부의 정책 실패와 지배 세력의 무능과 맞물려 총체적인 난국으로 확대되었던 것인데, 그 여파는 마치 나비효과처럼 어마어마하게 커져갔다. 중원에서는 이로 인해 907년 당나라 멸망을 시작으로 5대10국이라는 혼란의 시대가 열렸고, 최종적으로 979년 송나라가 중원을 통일하기까지 수많은 시행착오를 거쳐야만 했다.

또한 만주에서는 926년 초 발해가 오랜 숙적인 거란에 의해 멸망하여 만주 지역 전체가 권력의 공백 상태로 빠져들어, 거란이 발해 지배를 위해 남겨둔 동거란국 외에 발해유민들의 독립운동이 수십 년간 이어지게 된다. 한반도 역시 889년부터 본격화된 사회적 위기가 각 지방 세력들의 독자 행동으로 이어져서 후고구려(태봉)와 후백제를 위시한 후삼국시대가 펼쳐졌고, 마침내 태봉을 계승한 고려가 신라를 흡수통일하고 후백제를 최종 격파함으로써 936년 분열의 시대를 마감하였다.

하나의 국가가 멸망해도 이는 정부의 소멸이지 그 국가의 구성원들은 어떻게든 또 살아갔을 것이다. 따라서 이제부터 우리가 살펴볼 것은 북국 발해의 몰락과 남국 신라의 혼란의 세월 동안, 그리고 고려의 통일

이후 발해유민들과 고려인들 사이에서는 어떠한 일들이 이루어지고 또 무슨 교류가 있었는지이다. 결국 모든 일은 사람이 하는 것이다. 이들 남북국을 매개하였던 중간자적 존재들은 과연 누구였으며 무슨 생각을 가지고 어떤 행동을 하였을지가 우리의 관심사가 될 것이다.

2장

왕건 가문의 수수께끼

2장

왕건 가문의 수수께끼

877년 1월, 송악의 어느 집에서 아기가 태어났다. 아기의 아버지인 왕륭은 도선(道詵)이라는 대사가 일러준 대로 아기의 이름을 왕건(王建)이라고 지었다. 후삼국을 통일하게 되는 고려 태조의 탄생의 순간이다.

신라 말에 벌어진 혼돈의 시기를 목도한 송악군의 실질적 지배자였던 아버지는 자신보다는 아들에게 새로운 미래를 열어주고자 하였다. 그래서 아들이 스무 살이 되던 896년에 당시 북방의 강자였던 궁예에게 가담하기로 결심하였다. 궁예 또한 이제 막 세력을 키워가고 있던 와중이어서 이를 크게 반겼다. 왕륭이 그런 궁예에게 한 가지 제안을 하였다.

"대왕께서 만약 조선(朝鮮), 숙신(肅愼), 변한(卞韓)의 땅에서 왕이 되고자 하신다면 먼저 송악에 성을 쌓고 저의 장남을 그 성주로 삼으시는 게 좋겠습니다."

이에 궁예는 그 제안을 받아들여 젊은 왕건에게 송악에 발어참성(勃禦塹城)을 쌓게 하고 성주로 임명하였다. 조선, 숙신, 변한이라는 것은 당연히 이 당시 실제 존재하였던 것은 아니고 단순히 과거에 있었던 지역들을 대표하는 명칭으로 사용된 것인데, 거칠게 표현하자면 만주와 한반도 일대를 통칭하였던 것으로 풀이된다.

이렇게 모든 것이 불확실한 시대에 아들에게 새로운 길을 터준 아버지 왕륭은 다음 해인 897년 5월에 눈을 감았다. 그의 베팅은 우리가 이미 알고 있다시피 결과론적으로 고려의 건국과 후삼국의 통일이라는 대박을 터트렸고, 그 자신도 사후이긴 하나 왕으로 추존되는 영광을 얻게 된다.

그런데 여기서 살펴볼 것은 왕륭과 왕건 이후가 아니라 그들 이전에 대한 문제이다. 참으로 희한한 것은 한 국가의 개창자의 집안 내력이 역사 기록상으로는 의외로 빈약하다는 것이다. 거의 공상소설을 보는 듯한 내용들인데, 우선 내용은 길지만 허구적인 부분은 걷어내고 주요 내용들만 축약하여 보면 다음과 같다.

> 성골장군(聖骨將軍)을 자처한 호경(虎景)이라는 사람이 백두산에서 나와 부소산(扶蘇山)까지 와서 정착하였다. 강충(康忠)이라는 아들을 낳았는데, 그는 지역명을 송악군(松嶽郡)으로 개칭하였다. 그는 이제건(伊帝建)과 손호술(損乎述)이라는 두 아들을 낳았고, 막내는 나중에 이름을 바꾸어 보육(寶育)이라 하였다. 형은 자신의 딸 덕주(德周)를 동생인 보육과 결혼시켰다. 보육은 딸을 둘 낳았는데, 막내딸 진의(辰義)가 나중에 당나라 출신의 귀인과 하룻밤을 같이 보낸 다음 후에 아들 작제건(作帝建)을 낳았다. 작제건은 당나라의 아버지를 찾아 서해로 떠났다가 중간에 마음을 고쳐먹고 돌아와 송악

남쪽 강충의 옛 집터에 정착하였다. 그때 낳은 네 명의 아들 중 맏이가 용건(龍建), 곧 이름을 바꿔 왕륭이었다.

여담이지만, 고려 말 이제현(李齊賢, 1287~1367)은 유학자답게 고려 왕실의 조상에 대한 허황된 기록들을 합리성에 입각하여 논파하기도 했는데, 어쨌든 여기서 우리가 읽어내야 할 점은 따로 있다. 모든 설화가 허무맹랑하게 아무 근거도 없이 생겨난 게 아니라 최소한 무언가 진실 한 스푼에 온갖 양념들이 가미되어 생겨난 것이라는 점에 착안해서 본다면, 저 설화 안에는 분명 무언가 희석되기 이전의 역사적 사실도 어떤 형태로든 남아 있을 게 확실하다.

우선 '왕(王)'씨는 어떻게 나오게 된 것인지를 짚어보자. 가계도는 복잡하게 기술되어 있지만 결론적으로 보면 왕씨는 결국 중국계인 증조할아버지의 성씨였던 것으로 보인다. 즉 그보다 이전에 신화 속에 등장하는 이들은 모두 증조할머니 쪽의 조상들인 셈이다. 물타기가 되어 있어서 혼란스럽긴 해도 여기서는 당나라의 귀성(大唐貴姓)이라고 표현된 증조할아버지는 왕씨일 수밖에 없다.

사실 왕씨는 많이 흔한 성씨이기도 하다. 중국에서는 지금도 비중이 높은 성씨이기도 하고, 고대 한반도에 정착한 낙랑 왕씨들도 유명하다. 그뿐만 아니라 고구려에도 많은 왕씨들이 있었는데 예컨대 고구려 멸망 후에 당나라에 가서 활약한 왕모중(王毛仲), 왕사례(王思禮) 같은 역사적 위인들도 존재하고, 기록이 부족한 발해에서조차 왕신복(王新福), 왕효렴(王孝廉) 등 다양한 인물들이 등장한다. 그렇기에 왕건의 증조할아버지가 과연 설화대로 중국 당나라 출신인지, 혹은 설화는 설화일 뿐 송악에서 아주 멀지 않은 평양 낙랑 지역의 왕씨의 후예인지, 혹 고구려 계통은 맞으나 해외에서 활동 후 귀화한 유민의 후예인지는 명확하지 않다.

왕건과 같은 역사적 공간에서 동시대에 실제로 등장하는 왕창근(王昌瑾)이라는 당나라 출신 왕씨 상인의 존재를 보면 설화 내용을 글자 그대로 해석하였을 시 그의 부계는 중국계일 수도 있겠단 짐작은 든다. 다만 이후 왕건과 관련된 기록상 드러난 부분만 보자면 자신의 부계 혈통을 중국계로 강하게 인식하지는 않았던 것은 분명하다. 오히려 왕건 자신이 지속적으로 고구려의 옛 수도인 평양에 관심을 가지고 있었고 또 나중에 자신의 현 근거지인 송악이 아닌 평양으로의 천도까지 본격적으로 준비하였던 것을 보면, 어쩌면 고대 낙랑 왕씨의 후예로서 고구려 시대를 거쳐 실존해 온 집단이었을 수 있다. 아니면 조상 때부터 고구려 유민 출신으로 해상을 기반으로 동서를 넘나들며 활동하던 중 어느 시점인가에 다시 한반도로 귀환한 집단으로 추정해 볼 수도 있을 듯하다.

그다음으로 알아볼 부분은 왕건 집안에 전해지는 모계제도의 흔적이다. 성씨는 아버지를 따랐던 게 맞지만 조상의 가계도를 거꾸로 올라가 보면 특히 증조 대에는 모계를 따라가는 게 분명하기 때문이다. 이를 단순히 부계의 출신을 물타기하기 위해서라고 하기에는 오히려 설화상으로는 당나라 귀인을 마치 당나라 황제인 양 은근히 포장하고 있기 때문에 그렇게 보기는 어려울 듯하다.

설화에서 등장하는 친족 내 결혼의 사례도 실제로 왕건의 자손들의 경우 마찬가지로 반복되는 것을 보면 완전히 설화 내용이 허구라고 보기 힘든 측면도 있다. 더욱이 왕건의 딸들은 모계의 성씨를 따르는 전통이 있었다. 이를 근친혼을 감추기 위한 것이었다고 현대에서는 해석하기도 하나, 멀쩡히 국가의 역사서에 부계가 누구인지까지 죄다 명시하고 있을 정도로 당연히 받아들여졌던 것을 보면, 이는 근친혼은 나쁜 것이라는 후대의 고정관념에 따른 해석일 뿐이다. 거꾸로 이는 왕씨 집안 내에는 모계 문화가 부분적으로든 어느 정도는 존재하였음을 말해준다. 그렇기에 증조할머니 이전의 외가 쪽 계통이 가계도에 중심적인 이야기로 당당히 등장하고 있는 것이 아니겠는가.

이를 따라가다 보면 왕건 집안에서 모계로 먼 조상의 출신 지역은 백두산 일대까지 길게 이어지게 된다. 그 당시의 백두산은 그렇다면 어느 시대를 말하는 것일까? 그건 다름 아닌 발해(渤海, 698~926)이다. 의도적이든 혹은 어떤 편견 때문이든 현대의 역사서들은 고려를 세운 왕건을 단순히 고구려와만 연계 지을 따름이지만, 실상 그의 핏줄에는 어쩌면 발해의 피도 흐르고 있었을지 모르는 셈이다.

왕건이 한참 후인 945년경 중국의 후진(後晋) 측과 비밀리에 외교협상을 진행하던 중에 고려와 발해는 혼인한 사이라고 한다든지 고려와 발해는 친척 관계라고 적시한 것도 이를 통해 보면 자연스럽게 이해가 되는 측면이 있다.

"발해는 나와 혼인한 나라이다." (渤海我婚姻也)

"발해는 본래 나의 친척의 나라이다." (渤海本吾親戚之國)

물론 발해유민 중 고모한(高模翰)이라는 인물을 자신의 딸과 결혼시킨 것을 고려와 발해의 혼인이라고 보기도 하고, 또 발해 세자 대광현(大光顯)을 왕족의 일원으로 받아들인 것을 두고 상징적으로 친척 관계로 표현한 것이라고 해석하기도 한다. 아니면 왕건 자신의 29명 아내들의 처가 중 실제로 발해 계통이 있는 것은 아닐지 약간 의심되는 부분도 있지만, 여기서는 어쨌든 왕건 자신이 부계로는 옛 고구려 영토 내의 왕씨로 인식하였거나 혹은 어쩌면 동시에 증조모 이전의 모계로는 저 멀리 발해까지 이어져 있음을 말하고 있을 일말의 가능성을 기록해 둔다.

이상과 같이 왕건의 가문에 전해지는 설화를 기반으로 부계와 모계의 계통을 종합해 본다면, 그가 스스로를 혈통상 직간접적으로 고구려의 후예이자 발해와의 친연성까지 갖춘 존재로 이해하였을 가능성이 있지 않을까 한다.

그렇다면 왜 왕건 당시에는 고구려만 강조하였을 뿐 발해는 그리 비중 있게 언급되지 않았던 것일까? 생각해 보면 왕건이 궁예를 쿠데타로 몰아내고 고려를 건국한 것은 918년인데 이때만 해도 발해는 멀쩡히 국가로서 존속하고 있던 시기이기에 왕가에서 발해의 후예라는 부분을 굳이 강조할 이유는 없었을 것이다. 더욱이 신라 후기에 발해와 대결 무드로 오랜 기간을 보내왔던 점을 참고한다면,

오히려 후삼국의 쟁패 과정에서는 사회적 관심도가 떨어지는 이웃 나라 발해가 아니라 이미 멸망한 고구려의 부활을 주장하는 편이 좀 더 어필하기도 좋았을 테고 말이다.

실제로 왕건이 발해를 친척의 나라라고 표현하거나 혼인한 사이라고 언급한 것은 자신의 치세 후반인 940년대였고, 심지어 그 주장을 전달하는 대상도 외교 과정상의 타국이었다. 즉 내부가 아니라 외부에, 그것도 발해가 멸망한 이후 시점이라는 것이다.

그럼에도 왕건이 외국과 주고받은 외교문서의 내용을 보면 그가 얼마나 고구려와 발해를 중시 여겼는지를 알 수가 있다.

> (933년 3월 5일) "왕께서는 차지한 땅을 평양(平壤)이라 일컬었으며 … 발해 사람들(忽汗之人)을 구제하였습니다."– 후당(後唐)의 왕건에 대한 책봉 조서

이는 단순히 외국에서 고려에 일방적으로 보낸 것이 아니라, 고려 측에서 먼저 파견한 사신이 자신들에게 전한 문서에 기반해 회신하는 내용이다. 즉 고려는 외교에서도 스스로 고구려 및 발해와의 관계를 강조할 만큼 북방에 관심을 가지고 있었던 것이다.

그럼 실제로 왕건과 그의 후손들이 고구려의 고토 회복 내지 발해와의 관계 개선을 위해 하였던 일들은 무엇일까? 전자의 경우는 주로 평양, 곧 서경(西京)을 중심으로 모든 정책이 추진되었고, 후자의 경우는 925년부터 발해 멸망을 예상하고는 주로 유민의 흡수를 위시한 여러 활동으로 이루어졌다. 후자는 내용이 많기도 하니 장을

달리하여 깊이 있게 다뤄보고 여기서는 전자를 집중적으로 살펴보자.

서경 프로젝트

왕건이 평양, 즉 직후 이름을 바꾼 서경에 관심을 둔 정도는 가히 놀라울 정도이다. 그가 직접 평양 및 연관해서 북부 국경지대인 북계(北界)를 방문한 기록만 해도 그의 재위 기간 26년 동안 13회이다. 한 해 걸러 한 번씩은 간 셈이다.

(920년) 북계를 순행하였다.
(921년 10월) 서경에 행차하였다.
(922년) 서경에 행차하여, 새로이 서경의 관료들을 배치하였다.
(925년 3월) 서경으로 행차하였다.
(925년) 왕이 북계를 순행하였다.
(926년 12월) 서경에 행차하여 친히 제사를 지내고 주진(州鎭)을 두루 둘러보았다.
(928년) 왕이 북계를 순행하였다.
(929년 4월) 서경에 행차하여 주진을 두루 순시하였다.
(930년 5월) 서경에 행차하였다. (8일 후에) 서경에서 돌아왔다.
(930년 겨울 12월) 서경에 행차하여 학교를 처음으로 설치하였다.
(931년 겨울 11월) 왕이 서경에 행차하여 친히 제사를 지냈으며, 주진을 두루 순시하였다.
(934년 봄 1월) 왕이 서경에 행차하여 북방의 진(鎭)을 두루 순시하였다.
(935년 가을 9월) 왕이 서경에 행차하여 황주(黃州), 해주(海州)를 순시하였다.

그저 단순히 방문만 자주 한 것이 아니었다. 그의 관심 사항은 제2의 수도로서의 실질적인 내실화였다. 그가 서경에 직접 지원한 것들만 해도 다양한 계층의 구성원 확충, 독자적인 지방정부 및 별도의 학교 신설, 그리고 방어 시설의 보강 등이었는데, 이는 마치 오늘날 대규모로 신도시를 건설하는 것과 유사해 보인다.

(918년 9월) "평양에 백성을 이주시켜 변방을 튼튼하게 해야 한다."라고 하면서 황주, 봉주(鳳州), 해주, 배주(白州), 염주(鹽州)[2] 등 여러 주의 백성들을 이주시켰으며, 평양을 대도호부(大都護府)로 정하고 사촌 동생 왕식렴(王式廉)과 광평시랑 열평(列評)이라는 중신 두 명을 보내어 방비하게 하고, 또 보좌진 4~5명을 두었다.
(919년 3월) 서경의 탑묘(塔廟)와 그림들 중 무너지거나 망가진 것들을 보수하게 하였다.
(919년 10월) 평양에 성을 쌓았다.
(922년) 대승 질영(質榮)과 행파(行波) 등의 전 가족과 여러 지역의 양가 자제들을 서경으로 이주시켰다. 서경에 행차하여, 새로이 서경의 관료들을 배치하였다.[3] 서경에 재성(在城)을 쌓았는데 이후 6년이 걸려 완성되었다.
(930년 12월) 이전까지 서경에는 학교가 없었는데, 왕이 수재(秀才) 정악(廷鶚)에게 명하여 서학박사(書學博士)로 머무르게 하고, 별도로 학원(學院)을 창설하여 6부(部)의 학생들을 가르치게 하였다. 나중에

2 이상 황해도 일대

3 관청에는 시중(侍中), 시랑(侍郎), 낭중(郎中) 등의 여러 관직을 두었고, 그 외에도 병부령(兵部令), 납화부(納貨府), 진각성(珍閣省), 내천부령(內泉府令) 같은 조직들을 설치하였다.

왕이 그곳의 학문이 흥성한다는 소식을 듣고 그에게 비단을 내려주어 장려하였으며, 아울러 의업(醫業, 의학)과 복업(卜業, 일종의 천문학) 두 학과를 설치하였다. 또 양곡 100석을 내려주어 이를 재원으로 운영비를 감당토록 하였다.

(938년 7월) 서경에 나성(羅城)을 쌓았다.

평양성도(조선시대), 수원화성박물관

그의 시선은 단순히 서경이라는 도시 하나에만 집중되어 있었던 것은 아니다. 북진정책의 핵심 도시로서 서경이 제대로 기능하기 위해서는 그 주변에 대한 방어체계 또한 충실히 할 필요가 있었다. 나열해 보면 꽤 많아서 정신이 없을 정도인데, 거의 오늘날 평안남도, 즉 평양을 중심으로 그 주변에 집중적으로 포진되어 있음을 알 수 있다.

(919년) 용강현(龍岡縣)[4]에 성을 쌓았다.

(920년 9월) 함종(咸從)[5]과 안북(安北)[6] 두 성을 쌓았다.

(921년) 운남현(雲南縣)[7]에 성을 쌓았다.

(922년) 왕이 직접 아선성(牙善城)[8]에 백성들의 거주지를 정하였다.

(925년) 왕이 북계를 순행하고 진국성(鎭國城)을 옮겨 쌓도록 하였다.

(928년 2월) 대상 염상(廉相)과 경(卿) 능강(能康) 등을 보내어 안북부(安北府)[9]에 성을 쌓게 하고, 원윤 박권(朴權)을 진두(鎭頭)[10]로 삼아 개정군(開定軍) 700명을 거느리고 그곳을 지키게 하였다.

(928년) 진국성(鎭國城)을 옮겨 쌓고 이름을 통덕진(通德鎭)[11]으로 바꾸었으며, 원윤 충인(忠仁)을 진두로 삼았다.

(929년 3월) 대상 염상을 보내어 안정진(安定鎭)[12]에 성을 쌓게 하고, 원윤 언수고(彦守考)로 하여금 지키게 하였다. 또 영청현(永淸縣)[13]에도 성을 쌓았다.

(929년 9월) 대상 왕식렴을 보내어 안수진(安水鎭)[14]에 성을 쌓게 하고, 원윤 흔평(昕平)을 진두로 삼았다. 또 왕식렴은 흥덕진(興德鎭)[15]에 성을 쌓고, 원윤 아차성(阿次城)을 진두로 삼았다.

---

4 평안남도 용강군
5 평안남도 강서군
6 평안남도 안주시
7 평안북도 영변군
8 평안남도 강서군
9 평안남도 안주시
10 진(鎭)의 지휘관
11 평안남도 숙천군
12 평안남도 순천군
13 평안남도 평원군
14 평안남도 개천시
15 평안남도 은산군

(930년) 연주(連州)[16]에 성을 쌓았다.

(930년 8월) 대상 염상을 보내어 마산(馬山)에 성을 쌓고(안수진(安水鎭)이라고 명명함) 정조 흔행(昕幸)을 진두로 삼았다.

(931년) 안북부(安北府)와 강덕진(剛德鎭)을 설치하고[17], 원윤 평환(平喚)을 진두로 삼았다.

(934년) 대상 염상을 보내어 통해진(通海鎭)[18]에 성을 쌓게 하고, 원보 재훤(才萱)을 진두로 삼았다.

(935년) 숙주(肅州)[19]에 성을 쌓았다.

(937년) 순주(順州)[20]에 성을 쌓았다.

(938년) 양암(陽巖), 용강(龍岡), 평원(平原)에 성을 쌓았다.[21] 영청현(永淸縣)[22]에 성을 쌓았다.

(939년) 숙주(肅州)[23]에 성을 쌓았다. 대안주(大安州)[24]에 성을 쌓았다.

(940년) 은주(殷州)[25]에 성을 쌓았다.

그의 서경에 대한 애정과 관심은 이에 그치지 않았다. 왕건의 유훈이 담겨 있는 「훈요(訓要)」에도 평양 즉 서경은 빠지지 않는다.

16 평안남도 개천시
17 평안남도 일대
18 평안남도 평원군
19 평안남도 평원군
20 평안남도 순천시
21 평안남도 일대
22 평안남도 평원군
23 평안남도 평원군
24 평안남도 평성시와 순천시 사이
25 평안남도 순천시

사계절마다 왕은 서경에 가서 100일 이상 체류함으로써 국가의 평화를 이루도록 하라.

실제로 후대의 국왕들은 (물론 다는 아니지만) 상당수가 서경을 직접 방문하여 그곳의 중요성을 몸소 보여주곤 하였다. 그만큼 왕건은 서경의 상징성을 크게 부여하였다.

그가 이렇게까지 서경에 신경을 집중하였던 이유는 무엇일까? 그의 육성을 직접 들어보자.

(932년 5월) "근래에 서경의 보수를 끝내고 백성들을 이주시켜 채운 것은 삼한 통일 후에 궁극적으로 이곳을 수도로 삼고자 했기 때문이다."

이는 고려 사회에서 유명한 이야기로, 한참 후대까지도 이러한 논조는 계속 이어졌다.

그렇다면 서경 천도로 삼한의 통합 수도를 완성한 다음에 그는 무엇을 하고자 하였다는 것일까? 이제현이 전한 고려 후기 충선왕(忠宣王, 1275~1325)의 말을 한번 들어보자.

"우리 태조께서는 즉위한 뒤 (신라) 김부가 아직 귀순해 오지 않았고 또 (후백제) 견훤을 여전히 붙잡지 못했는데도 자주 서경에 행차하여 직접 북부의 국경지대를 순시하셨다. 그 의도는 (고구려) 동명왕의 옛 땅을 우리 가문의 유물로 생각하고 반드시 되찾으려고 한 것이다."

즉 지금의 개경은 삼한 통일과 정국 안정까지의 한시적 수도일 뿐, 궁극적으로는 평양, 곧 서경을 통일 왕국의 수도로 삼아 고구려를 부활시키는 것을 목표로 삼고 있었다는 이야기이다. 그의 직계 후손, 그것도 한 나라의 국왕이 직접 전하는 말이다. 더욱이 충선왕은 당시 원나라의 수도에 만권당(萬卷堂)이라는 일종의 학술기관을 세우고 당대의 대학자들과 교류하며 폭넓게 학문연구를 할 만큼 박학다식하고 총명하기로 유명한 인물이었다. 그만한 사람이 자신의 조상의 속마음을 공개적으로 표명한 것이다. 즉 태조 왕건은 실제로 서경 프로젝트를 통해 오늘날 만주 영토로의 북진을 꿈꾸었다.

궁예가 901년에 처음으로 '고려(高麗)'를 국호로 선포하면서 보여준 고구려 부활이라는 국가 비전에 스물다섯의 젊은 왕건은 깊이 공감하였다. 원래 그의 집안 배경도 북방 연계성이 높았고 당시 집안의 거점도 송악으로 신라에서는 최북단에 가까운 전방이었다. 아버지 왕륭이 궁예 밑으로 들어가면서 "조선, 숙신, 변한의 땅"을 거론한 것도 지금의 만주 땅부터 한반도 전역을 통합하는 커다란 비전을 제시하기 위함이었다. 직간접적으로 고구려 그리고 발해까지 이어지는 그의 집안 내력상 왕건은 궁예와 아버지가 공히 주장한 바를 백 퍼센트 이해하고 있었다. 그의 꿈은 그렇게 자연스럽게 단기적으로는 삼한통일, 장기적으로는 북진정책으로 이어졌다.

태조 왕건의 현릉(개성), 국립중앙박물관

이는 비단 왕건에게만 해당되는 것은 아니었다. 그의 둘째 아들이자 고려의 3대 국왕이 되는 정종(定宗, 재위 946~949) 왕요(王堯, 923~949)도 아버지의 뜻을 이어받아 서경 개발에 박차를 가했다. 그의 1차 목표는 태조 왕건의 원래 계획이었던 서경 천도였다.

> (947년 봄) 서경에 왕성(王城)을 쌓기 시작했다. 대광 박수문(朴守文)을 보내 덕창진(德昌鎭)[26]에 성을 쌓았다. 또 철옹(鐵甕)[27], 박릉(博陵)[28], 통덕(通德)[29] 등에 성을 쌓았다.

---

26 평안북도 박천군
27 평안북도 영변군
28 평안북도 박천군
29 평안남도 평원군

다만 그의 급작스러운 서경 천도는 반발이 컸는데, 서경 궁궐의 건설을 위한 노역에 많은 백성들을 징발한 데다가, 수도 개경의 시민들을 서경으로 강제 이주시키기까지 하자 정종에 대한 불만은 하늘을 찔렀다. 다행인지 불행인지, 949년 1월에 서경의 오랜 실력자이자 정종의 실질적 후견인 역할을 자임했던 대광 왕식렴이 사망하였고, 연이어 불과 두 달 후에 정종 또한 27세의 나이에 요절하자 서경 천도 프로젝트는 기약 없이 중단되고 말았다. 보통은 국왕이 사망하면 좋든 싫든 애도하는 것이 정상적이겠지만 이때만큼은 강제 노역에 동원되었던 이들이 기뻐하였다는 기록이 남아 있을 정도로 서경 천도에 대한 사회적 분위기는 매우 좋지 못했다.

정종 왕요의 안릉(개성), 국립중앙박물관

그 때문인지 차기 국왕인 광종(光宗, 재위 949~975) 왕소(王昭, 925~975)는 서경 천도를 재추진할 생각이 없었다. 북진정책에 관심을 기울였던 아버지나 형과 달리 그의 관심사는 오로지 내치에 집중되어 있었다.

> (960년 3월) 개경을 황도(皇都)라고 하고, 서경을 서도(西都)라고 하였다.

잘 알려져 있다시피 그는 노비안검법과 과거제 도입, 외국인 등용과 호족 세력 척결, 그리고 제국(帝國)으로의 국가체제 재편 같은 다양한 고려 사회의 개혁과 권력의 중앙 집권화를 위해 힘쓴 인물이었다. 그렇기에 그에게는 전대와 달리 북방에 힘을 쏟을 여유가 없었을지도 모르겠다. 그는 오히려 서경을 황도 개경의 하위 개념으로서만 바라봤을 뿐이었다. 나중에 다시 한번 언급하겠지만 그의 치세 말년에 서경과 관련된 이슈가 하나 터지게 되는데, 상황이 복잡한 만큼 이는 따로 다루어보도록 하겠다.

광종 왕소의 헌릉(개성), 국립중앙박물관

광종 이후에도 서경의 부침은 계속되었다. 고려의 6대 국왕인 성종(成宗, 재위 981~997) 왕치(王治, 961~997)는 전향적으로 다시 서경을 바라보게 된다. 990년 9월 서경에 대한 관심을 처음 표명한 후 그는 바로 다음 달에 전격적으로 서경을 방문하였다. 정종 이후로 무려 40여 년 만의 일이었다. 그는 991년 10월에 한 차례 더 방문하였는데, 그의 정치적 촉이 좋았던 것인지 이로부터 불과 2년 후인 993년에 거란의 전격적인 고려 침공으로 서경의 전략적 중요성이 고려 사회에서 크게 부각되었다.

실제로 제1차 거란-고려 전쟁 당시 거란의 소손녕(蕭遜寧)과 고려의 서희(徐熙) 사이의 담판에서 서경은 핵심 이슈가 되었다. 이때 소손녕이 고려는 신라의 땅에서 일어났고 거란이 고구려 땅을 차지하고 있다는 주장에 서희가 대응하였던 말은 지금도 유명하다.

"우리나라가 바로 고구려의 옛 땅이기 때문에, 국호를 고려라 하고 평양에 도읍한 것이오."

고려가 고구려의 수도였던 평양, 곧 서경을 차지하고 있었기에 거란이 고구려의 나머지 땅을 차지하고 있었음에도 논리적으로 당당하게 반박할 수가 있었던 것이다.

이러한 흐름은 그다음 국왕인 목종(穆宗, 재위 997~1009) 왕송(王誦, 980~1009)까지도 이어졌다.

(998년 7월) 서경을 고쳐 호경(鎬京)으로 삼았다.

(999년 10월) 왕이 호경에 행차하여 제사를 지내고 사면령을 내렸으며, 지역의 노인들에게 안부를 묻고 물품을 하사하였다. 호경의 1년 동안 세금을 면제해 주고 왕이 지나가는 길의 지역은 절반으로 하였다. 호경에서 의업(醫業)과 복업(卜業)의 학생으로 재학한 지 20년이 된 자와 나이가 쉰 살이 넘은 자는 모두 관직에 나아가는 것을 허락하였다. 호경의 문관과 무관 3품 이상의 아내로서 과부로 있으며 절개를 지킨 이들에게 작위를 주었다.

(1004년 11월) 왕이 호경에 가서 제사를 지냈으며, 곤장형 이하의 죄를 사면하고 노인들을 대접하였다. 호경의 세금을 1년 동안 감면해 주고 북쪽 변방의 지역과 왕이 지나는 길의 지역은 절반으로 하였다.

(1007년 10월) 왕이 호경에 행차하여 제사를 지내고 유배형 이하의 죄수를 사면하였다. 세금을 1년 동안 감면해 주고 왕이 지나는 길의 지역은 절반으로 하였다.

(1008년 10월) 왕이 호경에 가서 제사를 지냈다.

호경(鎬京)이란 이때의 고려보다 무려 2천 년도 더 전의 고대 중국에서 신화시대를 마감하고 역사시대를 연 주나라 때의 수도의 이름이었다. 그만큼 비중 있게 고려의 또 다른 수도로 격상시켜서 관리하게 되었음을 상징적으로 보여주는 명칭이다. 실제로 목종은 마치 태조 왕건 때를 다시 보는 것처럼 빈번하게 서경을 방문하였다. 그가 측근이었던 강조를 서경의 도순검사(都巡檢使)로 임명하여 군사권을 쥐여주었던 것도 무언가 서경 우대 정책과 연관이 있어 보이지만 자세한 사항은 전해지지 않는다.

다만 이 이후부터는 왕실의 서경에 대한 관심이 많이 식게 되는데, 차기 국왕인 현종(顯宗, 재위 1009~1031) 왕순(王詢, 992~1031)부터는 왕실 내에 신라의 혈통이 중심으로 자리 잡게 되면서 점차 북진정책에 대한 흥미가 떨어지게 되는 측면도 없지는 않을 것이다. 하지만 이후에도 서경은 종종 고려 사회 내에서 뜨거운 감자로 다뤄졌다. 풍수지리설에 따라 개경의 운이 다했다고 할 때마다 가장 우선적으로 검토가 되는 지역이 곧 서경이었고, 실제로 백 년쯤 지나서 묘청이 거의 성공할 뻔하기도 하였으나 결과적으로는 무위로 돌아가고 만다.

현종 왕순의 선릉(개성), 국립중앙박물관

어쨌든 고려의 왕가는 고구려의 부흥을 주제로 삼아 서경, 즉 평양을 중심으로 한 여러 가지 정책들을 추진하였음을 잘 알 수가 있다. 대개 서경이 주목받을 때에는 곧 고려의 관심사도 북쪽을 바라볼 때였고, 서경에 대한 관심이 식었을 때에는 고려는 다시 내적인 이슈에 함몰되어 있을 경우가 많았다. 여기까지 대략적으로나마 역대 국왕들의 관심사로서의 서경을 길게 다루긴 하였지만 사실 가장 중요한 것이 빠져 있다. 바로 사람에 대한 문제이다. 이는 좀 더 중차대한 이슈이므로 따로 장을 나누어 다뤄볼 예정이다.

거란 이슈

이상과 같이 서경을 중심으로 하는 북진정책에 있어 가장 큰 걸림돌은 바로 그곳에 이미 자리 잡고 있는 거란이었다. 거란은 발음에 따라서는 키탄(Khitan)이라고도 하며, 여기서 파생하여 중세 유럽에서는 이들을 특정해서나 혹은 중국 전체를 가리켜 카타이, 영어식으로 캐세이(Cathay)라고 불렀다. 오늘날 홍콩을 거점으로 한 캐세이 퍼시픽 항공(Cathay Pacific Airways)은 여기서 이름을 따온 것으로 유명하다.

이들은 고중세 시기에 강세를 떨친 북방 유목민족이었다. 그 출신은 불분명하지만 오늘날 남몽골 일대와 나중에 만주 지역, 그리고 나아가 중앙아시아까지 차지하며 중국을 압도하면서 역사에 큰 족적을 남겼다. 전형적인 유목민족답게 기마전에 능하였고 사냥과 전투 능력이 탁월하였다고 한다.

물론 이들도 부침이 커서 고구려의 광개토대왕(廣開土大王)과 상당 기간 혈전을 벌이기도 하고 후에 당나라에 복속되기도 하는 등 우여곡절을 많이 겪었다. 또 한번은 이들이 당나라를 상대로 거국적인 봉기를 벌인 덕분에 그 나비효과로 698년에 고구려 유민과 말갈 부족이 연합하여 발해를 건국하는 일도 가능했다.

그러다가 10세기에 야율아보기라는 걸출한 인물이 등장하여 여러 부족을 통일하고 제국을 건설하는 데 성공하면서 거란은 동북아시아의 주류로 떠오르게 된다. 스러져 가던 발해와 혼란스러웠던 후삼국

그리고 신생국 고려가 마주하게 된 것은 바로 이처럼 한창 기세 좋게 떠오르던 시기의 거란이었다.

거란의 요나라, Wikipedia

발해는 어차피 같은 고구려의 후예 국가로서 굳이 따지자면 고려와 경쟁 관계가 아니었고, 심지어 태조 왕건은 발해에 일종의 우호적 감정까지 지니고 있었던 데 반해, 그러한 발해를 멸망시키고 왕건이 되찾고자 하던 옛 고구려의 영토, 즉 지금의 발해 땅을 차지한 거란은 자연히 잠재적국이 될 수밖에 없었다.

발해인들에 대해서는 더 아래에서 따로 다룰 것이기에 여기서는 잠시 건너뛰겠지만, 거란과 적대관계인 발해유민들의 고려 합류는 왕건의 기본적인 생각을 강화하는 방향으로 작동하였던 것 같다. 그 자신도 거란에 대한 인간적인 불신의 감정이 있었다. 그가 943년에 후손들에게 남긴 「훈요」에는 아예 이런 표현이 나온다.

거란은 짐승과 같은 나라로 풍속도 언어도 다르니 복식이나 제도를 따르지 말라.

실제로 자신도 솔선수범하여 이 말대로 언행일치를 보여주기도 하였다.

(942년 겨울 10월) 거란에서 사신을 파견하여 낙타 50필을 보내왔다. 하지만 거란은 오랫동안 발해와 우호적 관계를 지속해 왔는데 갑작스럽게 맹약을 어기고 멸망시켰기에, 왕건은 이처럼 무도하기 그지없는 상대방을 친선의 대상으로 삼을 수는 없다고 생각하였다. 이에 외교관계를 단절하고 거란 사신 30명을 섬으로 유배 보냈으며, 낙타는 만부교(萬夫橋) 아래에 매어두니 모두 굶어 죽었다.

사실 거란에서 이보다 20년 전인 922년에 동일하게 낙타와 말 등을 고려에 선물해 왔을 때는 별달리 문제 삼지 않았던 것에 비하면 무척 강한 반응이었다. 그사이의 변화라면 926년 초의 발해 멸망과 그 전후한 발해인들의 대규모 고려 망명 사태였다. 이 무렵부터 왕건의 대거란 스탠스는 완전히 굳어지게 된다.

거란 측에 남아 있는 고려와 거란 간의 외교관계 기록은 다음과 같다.

> (915년 10월) 신라가 사신을 보내어 토산품을 조공하고, 고려는 사신을 보내어 보검을 바쳤다.
> (918년 2월) 발해, 고려 (중략) 등에서 사신을 보내어 조공해 왔다.
> (925년 10월) 고려에서 조공하였다.
> (926년 2월) 고려, 예맥(濊貊), 철려(鐵驪), 말갈에서 조공하였다.
> (937년 9월) 고려와 철려로 (요나라) 사신을 파견하였다.
> (939년 1월) 후진(晉)으로부터 책문(册文)을 받아 남당(南唐)과 고려에 사신을 보내어 알렸다.

이를 보면 처음에는 고려도 반거란 기조를 확립하고 있었던 것은 아니었음이 분명해 보인다. 그 변화의 기점은 발해가 멸망한 926년이다. 이 이후 고려는 사신 파견을 멈추었고, 거란에서만 사신이 두 차례 왔고 그마저도 만부교 사건 이후로는 끊기게 된다.

거란은 기본적으로 정복민족이었다. 태조 왕건은 자신의 말마따나 발해 멸망 이후로 이들의 저의를 의심 정도가 아니라 완전히 확신하게 되었던 것 같다. 동시에 고려의 북진정책이라는 장기적 프로젝트의 완수를 위해서라도 잠재적국 거란에 대한 본격적인 대비가 필요하다고 판단하였던 것으로 보인다. 대표적으로 북방 지역, 곧 오늘날 북한 평안도 일대에서 이루어진 축성과 군진의 설치를 시기에 따라 비교해 보면 이를 잘 알 수 있다.

- 919~925년: 평양, 용강현, 함종현, 운남현, 성주
- 928~940년: 통덕진, 안북부, 안정진, 안수진, 흥덕진, 영청진, 조양진, 통해진, 숙주, 순주, 영청현, 양암진, 서경(나성), 용강, 평원, 대안주, 은주

보다시피 발해 멸망 이전까지는 드문드문 축성이 이루어졌다면, 그 이후부터는 축성 기록의 양도 늘어나지만 특히 군사기지인 진(鎭)의 설치가 눈에 띄게 늘어난다. 아울러 초기에 평양에도 축성을 한 바 있었는데 추가로 나성까지 설치하는 것은 발해 멸망 이후의 일이다. 이처럼 북방 국경에 대한 집중적인 투자가 이루어지고 있음을 직접 눈으로 확인할 수가 있다.

태조 왕건의 아들인 제3대 국왕 정종은 방어선 강화뿐만 아니라 보다 공격적으로 외침에 대비하여 총력전 체제를 갖추는 전략을 수립하였다. 바로 947년 광군사(光軍司)의 설치였다. 무려 30만 명이라는 규모는 지금도 믿기지 않을 정도인데, 당연히 이 모두가 상비군이 아니라 지방의 예비군까지 전부 포함된 총병력이었다고 보는 것이 맞다. 그 과정도 드라마틱하다.

후삼국시대의 3대 천재 중 한 명인 최언위의 아들 최광윤(崔光胤)이 후진으로 유학을 떠났다가 중간에 거란에 포로로 잡혔는데, 그들도 보는 눈이 있었던 듯 그는 재능을 인정받아 거란 정부에서 공식적으로 일하게 되었다. 이후에 어쩌다가 거란의 사신 자격으로 고려의 귀성(龜城)을 방문했다가, 몰래 거란의 고려 침략 계획을

귀띔해 준 것이 광군사의 설치 배경이었다. 즉 광군사는 주적 거란에 대한 직접적인 대비책이었다.

실제로 나중에 거란의 40만 대군이 고려로 물밀듯이 쏟아져 들어왔을 때 고려 측이 총동원한 30만 대군이라는 존재는 곧 오랫동안 준비해 온 광군사였다. 권력욕으로 역사에 오점을 남기긴 하였으나 정종의 올바른 정책적 판단의 결과물이 실제로 후대에 그 효과를 발휘한 것이다.

다만 거란도 고려 내부의 여러 가지 동향을 파악하고 있었던 것으로 보이긴 하는데, 고려 입장에서는 다행히 그들도 내부 사정이 복잡했던지라 당장 행동에 옮기지는 않았다. 그들이 고려에 대해 본격적으로 공세로 전환하는 시점은 10세기 말이 되어서이다. 대규모 침략은 세 차례, 그 외에도 소규모의 국경 침범은 수시로 벌어졌다.

제1, 2, 3차 거란-고려 전쟁(993~1018), Wikipedia

제1차 거란-고려 전쟁의 경우 워낙에 서희의 담판이 유명하고 또 이른바 강동6주라는 전략적 성과도 잘 알려져 있기에 굳이 여기서 다시 길게 설명하지 않아도 될 듯하지만, 그래도 일부 역사적 사실에 대한 오해를 풀고 넘어가는 게 좋을 듯하다.

우선 이 협상을 통해 고려만 득을 본 것은 아니라는 점을 분명히 해야겠다. 1차전 당시 거란군 총사령관이었던 소손녕이 본국으로 복귀한 후 994년 2월에 고려 성종에게 보내온 문서를 보면 이를 잘 알 수가 있다.

> (황제의 명에 따라 거란은) 압록강 서쪽 마을에 5개의 성을 축조하면 좋을 듯하여, 3월 초에 성을 쌓을 곳에 가서 공사를 시작하고자 합니다. 대왕께서도 안북부(安北府)에서부터 압록강 동쪽에 이르는 280리(약 100여 km) 사이에 적당한 곳을 찾아 축성을 명하시고 동시에 공사에 착수하십시오. 그리고 축성할 성의 숫자를 서둘러 회신하여 주시기 바랍니다. 가장 중요한 것은 양국 간 교통로가 열려서 영구적으로 평화로이 친선하도록 하는 것입니다.

즉 거란 입장에서도 양국 사이에 존재하던 여진족을 몰아내고 고려와 직접 국경선을 맞닿아 안전하게 상호 교역과 외교가 이루어질 수 있도록 하는 것이 중요했다는 사실이다. 이에 따라 그들도 압록강의 자신들 영토 쪽 5개 지역에 새로 축성할 터이니 고려 측에서도 동시에 압록강 건너편 쪽에 몇 군데 축성할 것인지를 알려주고 자신들과 동시에 작업도 시작할 것을 주문하고 있다.

이렇듯 외교는 양측의 니즈가 어느 정도 맞아떨어져야 이루어지는 것이지, 결코 일방적으로 고려에게만 유리하게 협상이 되었을 리가 만무한 것이다. 서희의 외교적 승부수와 노련했던 스킬은 충분히 박수를 받아 마땅하지만 오로지 그것이 고려에게만 유리한 결과였다고 단정적으로 받아들여서는 안 된다는 뜻이다.

또 다른 오해는 강동6주라는 표현에 있다. 실제로 양국 간 협상 이후에 고려는 본격적으로 국경지대에 축성에 나서게 되는데 그 숫자는 6개가 아니라는 점이 분명하다.

> (994년) 군사를 거느리고 여진을 쫓아내고는, 장흥진(長興鎭), 귀화진(歸化鎭)의 두 진과 곽주(郭州), 귀주(龜州)에 두 성을 쌓았다.
> 이듬해(995년) 다시 군사를 거느리고 안의진(安義鎭), 흥화진(興化鎭)에 성을 쌓았다.
> 또 그 이듬해(996년) 선주(宣州), 맹주(孟州)에 성을 쌓았다.

이렇게 보면 총 8곳에 축성이 이루어졌으니 6개가 우선 아니게 되고, 또한 4개의 진(鎭)과 4개의 주에 축성한 것이니 이 또한 굳이 따지자면 6주(州)도 아닌 셈이 된다. 그렇다면 어쩌다가 강동6주라는 표현이 굳어지게 된 것일까? 이는 다름 아닌 거란 측의 오인 때문이다.

제2차 거란-고려 전쟁도 끝나고 요나라 성종은 친조 약속을 지키지 않는 고려 현종을 상대로 화가 나서 흥화진, 통주(通州), 용주(龍州), 철주(鐵州), 곽주, 귀주의 6개 성을 내놓으라고 윽박지르는데, 이후에도 반복해서 고려 측에 위의 6개 성을 달라고 강력하게 요구한다.

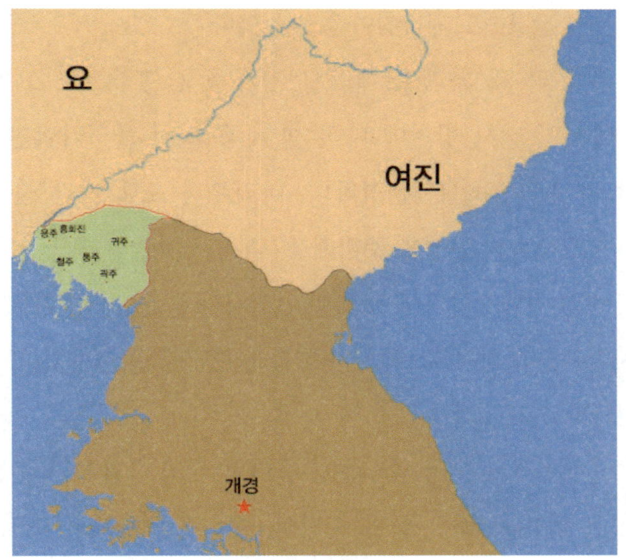

강동6주, Wikipedia

이는 추론이긴 하나, 거란 측이 5개 성을 쌓겠다고 하자 고려 측은 사실 추가로 더 축성을 진행하고는 거란 측에 회신할 때에는 저 6개의 이름만 공유하였던 것이 아니었겠는가 싶다. 서로 상대방의 국방 정보를 실시간으로 모니터링할 수 없었던 만큼 굳이 순진하게 있는 그대로 전부 다 사실을 공개하지 않고 적절히 감추면서 내부적으로 실리를 극대화하고자 하였던 것이 고려 정부의 작은 꼼수였던 것으로 보인다.

어쨌거나 결과적으로 서희가 평화적 외교를 통해 국경선의 확장에 성공함으로써 전략적 요충지 확보 이후 2차, 3차전에서 적국 거란군의 침공을 단계적으로 요격하는 체제를 구축할 수 있었다는 점은 아무리 강조해도 지나침이 없을 것이다.

거란은 무려 세 차례나 대규모 침공을 감행하고도 고려군의 다각도에서의 결사 항전에 막혀 별 소득 없이 물러나야만 했다. 고려 측의 승리 요인은 분명하다. 미리부터 오랜 기간 철저하게 잠재적국에 대비해 전쟁을 준비해 온 역대 국왕들의 현명한 처신이 있었고, 또한 절체절명의 국가적 위기 상황하에서도 국정 지도자들과 현장 지휘관들이 적시적소에서 지혜롭게 판단을 잘 해주었다는 점을 높게 평가할 수가 있다.

그리고 결정적으로 국가의 운명이 바람 앞의 등불처럼 흔들리던 시기에 온 국민이 똘똘 뭉쳐 국난을 극복해 냈다는 점에서 이는 더없이 훌륭한 사례가 된다. 후대의 우리는 기껏해야 유명 인사의 이름이 붙어 있는 서희의 강동6주나 강감찬의 귀주대첩 정도만 들어서 기억하고 있지만, 실제로는 수많은 무명용사들의 자기희생과 전국민적인 저항이 있었기에 가능했던 일이다.

여기에 다들 잘 모르지만 정말 중요한 사실 한 가지만 덧붙이자면, 고려의 국경지대에는 거란에 적대적일 수밖에 없던 발해유민들이 다수 포진되어 국방에서 일익을 담당하고 있었다는 점이다. 어째서인지 당대의 역사가들 눈에 띄지는 않았으나 이들 경계인들이 대거란 항전에 뛰어들어 적극적으로 외적 방어에 나서준 덕분에 고려라는 나라는 무너지지 않을 수가 있었다. 이들의 존재에 대해서는 좀 더 뒤에서 자세히 다뤄보도록 하겠다.

3장

유검필 집안의 비하인드 스토리

3장
유검필 집안의 비하인드 스토리

궁예가 신라의 북부, 곧 발해와의 접경지대 남부를 휩쓸면서 자신의 세력기반을 확대해 나간 것은 잘 알려져 있다. 후고구려, 이후의 태봉(泰封)의 수도는 오늘날 DMZ 안에 갇혀 있는 철원(鐵原)이다. 지금의 행정구역상으로는 강원도의 서북쪽 끝자락에 있지만 경기도와 붙어있다 보니 지도상으로 보면 한반도의 동서남북 어느 방향으로든 정가운데에 있다. 사실상 한반도의 중심부인 셈이다. 궁예가 어떤 생각으로 한반도 역사에서 처음이자 마지막으로 국가의 수도를 철원에 둘 작정을 하였는지는 알 수 없지만, 그에게 만일 정밀한 지도가 있었다면 자를 대고 한반도의 정확히 중심을 찾았던 것은 아닐지 싶을 정도이다.

후삼국시대에 그의 주요 활동 영역은 그래서 한반도 중앙을 시작점으로 하여 동쪽으로 오늘날 남북한의 강원도 지역을 석권하고, 서쪽으로 왕륭과 왕건 부자를 위시한 황해도 지역과 지금의 서울 등 수도권 일대를 차지하였으며, 남으로는 충청도 및 심지어 해상으로 전라도 남단까지 공략하는 기염을 토하게 된다.

그렇다면 그의 북쪽 지역은 어떻게 되었을까? 그의 초기 국가명이 옛 고구려를 뜻하는 '고려'였다는 것을 생각해 보면 분명 괄목할 만한 활약상이 있어야 할 테니 말이다. 하지만 안타깝게도 그의 치세가 그러기엔 너무 짧았던 것인지, 아니면 쿠데타 이후 모든 공로가 자연히 왕건의 고려로 흡수되어 기록으로 남지 못한 것인지 구체적으로 알 길은 없다.

그래서 부득이 파편적으로 남아 있는 정보들을 기반으로 이때의 상황을 복원해 보는 방법밖에는 없다. 우선 당시의 태봉 이북의 상황은 앞서 발해 말기의 처참했던 지방 상황으로 미루어 짐작할 수가 있다. 원래는 만주에서도 북부 출신인 흑수말갈 등의 집단이 발해 중앙정부의 재배치 정책에 따라 한반도 중북부에 자리 잡고 있었는데, 이들은 경제 상황이 안 좋을 때면 국경 너머로의 침탈을 벌이곤 했다. 이들 중 일부는 마치 후대의 왜구처럼 더 남쪽으로, 심지어 신라 영토까지 약탈에 나서기도 했다.

독특한 것은 역시나 역사란 결코 일방향만 존재하는 것이 아니라는 앞서의 말마따나, 후삼국에서도 역으로 북부로 이주하는 사례도 분명 존재하였다는 것이다. 대표적인 사례 한 가지만 보자.

> (918년 8월) 삭방(朔方)의 골암성(鶻巖城)[30] 장수 윤선(尹瑄)이 귀부하였다. 윤선은 염주(塩州)[31] 사람이다. 그는 침착하고 용맹스러웠으며

30 함경남도와 강원도(북한) 사이의 안변군

31 황해남도 연안군

> 군사 능력이 뛰어났다. 말년에 궁예가 잔혹하게 행동하자 스스로 화를 피하여 무리를 이끌고 북쪽 변방으로 피신하였다. 2천여 명의 세력을 모아 골암성에 머물면서 흑수말갈을 불러들였고, 점차 변방 지역에 피해를 끼쳤다. 이때에 이르러 태조가 즉위하여 사신을 보내어 초유한다는 말을 듣고 무리를 이끌고 항복하여 오니, 마침내 북쪽 변방이 안정되었다.

그가 태봉의 세력권 밖, 곧 발해와의 경계로 이주한 것은 대략 915년 남짓한 시점의 일로 보인다. 그래도 그는 이름 있는 인물이었고 더욱이 세력도 커서, 918년 쿠데타 이후 정권 안정을 위해 온갖 노력을 기울이던 왕건에게는 그가 항복해 온 것만으로도 명분과 실리 모두 큰 도움이 되었기에 이렇게 역사 기록으로 남을 수 있었을 것이다. 즉 그 외에도 후삼국인이든 발해인이든 수많은 이들이 다양한 이유로 양국의 국경을 넘나들고 있었을 게 분명하다.

여기서 윤선의 근거지였던 골암성을 조금만 더 다뤄보자면, 윤선이 자신의 세력과 함께 왕건에게 투항한 이후 그곳은 다시 주인이 사라진 공간으로 전락하였던 모양이다. 그래서 연이어 등장하게 되는 인물이 바로 후삼국 최고의 명장 유검필(庾黔弼, ?~941)이다.

> (920년 3월) 태조는 북계의 골암진이 자주 북방 오랑캐의 침입을 받자 여러 장수들을 모아 의논하였다. "지금 남쪽의 흉악한 무리들도 아직 섬멸되지 않았는데 북방의 오랑캐도 근심스러우니 짐은 자나 깨나 걱정되고 두렵다. 유검필을 보내어 지키게 하는 것이 어떠한가?" 이에 다들

좋다고 답하였다. 유검필은 명령받은 그날 바로 개정군(開定軍) 3천 명을 거느리고 떠났고, 골암진에 도착하여 동쪽 산에 큰 성을 쌓아 머물렀다. (923년 여름 4월) 북번(北蕃)의 추장 3백여 명을 불러모아 술과 음식을 성대하게 차려놓고 잔치를 열고 그들이 취한 틈을 타서 위엄을 갖추고 협박하니 추장들이 모두 복종하였다. 그리고는 여러 부(部)에 사신을 파견하여 전하도록 했다. "이미 너희들 추장을 붙잡았으니 너희들도 마땅히 와서 복종하라." 이에 여러 부에서 찾아와 항복한 이가 1천5백 명이었다. 이뿐만 아니라 포로로 잡혀 있던 3천여 명도 돌려받았다. 그렇게 북방이 편안해졌으므로 태조가 특별히 표창하여 격려하였다.

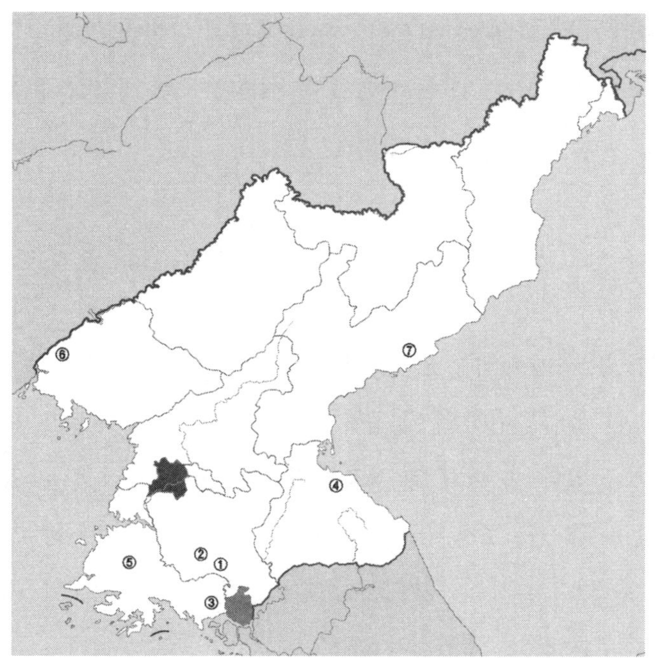

서경(평양)**과 개경**(개성) **– ①평주/평산 ②동주 ③ 배주/배천**

④골암진 ⑤신주/신천 ⑥보주(거란) **⑦남경**(발해)

그는 920년부터 923년까지 만 3년 동안 고려 북부의 국경지대에 자리 잡고 있던 발해의 말갈인들을 제압하는 미션을 담당하였다. 나중에 자신의 나이를 언급하는 기록을 참고해 본다면 이 당시 그는 40대 중반쯤 되었던 것 같은데, 어쨌거나 성공적인 임무 수행을 통해 왕건에게 제대로 눈도장을 찍을 수 있었다.

그런데 흥미로운 부분은 그가 처음부터 자신이 자원하였던 게 아니라 왕건이 정확히 그를 콕 집어 제안하였다는 점이다. 북방민족을 다루는 데에 그에게 어떤 특장점이 있기에 다른 누구도 아닌 그를 제일 먼저 떠올리게 되었던 것일까?

이뿐만 아니라 좀 더 이후인 936년 9월에 있었던 고려와 후백제 간의 운명을 가른 그 유명한 일리천(一利川) 전투 때 유검필 휘하의 병력을 보면 조금 놀랍기까지 하다.

흑수, 달고, 철륵(鐵勒) 등 여러 번(蕃)의 정예기병 9,500명

무려 9만 명에 달하는 고려군 총 병력 중 외부인으로 편성된 부대는 유검필이 유일무이하며 그 규모도 심지어 전체에서 10% 이상을 차지하고 있다. 도대체 왜 유검필에게만 이런 일이 있는 것인지 신기할 따름이다. 그에 관한 기록 중 병사들의 출신이 그나마 밝혀진 것만 이 정도이니 이 외에도 발해의 지방민들을 휘하에 거느린 사례는 더 존재했을 개연성이 크다.

그런데 여기서 한번 짚고 넘어가야 할 문제는 이 정도 규모가 어떻게 고려의 정규군으로 등장하게 되었는가이다. 이 중 흑수는 923년 골암진에서 유검필이 직접 받아들인 1천5백 명이 있긴 하나, 그 외에는 921년에 개별적으로 투항을 받은 추장 고자라의 170명과 아어간의 200명 정도가 전부이다. 또 달고는 171명이 고려군에 의해 패한 기록이 끝이고, 더구나 철륵은 아예 기록조차 없다.

그렇다면 도대체 어디서 1만 명 가까운 대규모 병력이 나타나게 된 것일까? 물론 이 외에도 소수의 투항자들이 많이 있었겠지만 군대의 특성상 아무나 어중이떠중이를 모아놓는다고 해서 전력화가 되지 않는다는 점에서 어느 정도는 통일성 있는 세력화된 존재가 공급처가 되어야 한다는 점을 간과할 수는 없다. 그렇다면 이 정도 규모를 제공할 수 있는 유일한 채널은 당시 어디가 있었을까?

딱 하나가 있다. 바로 925년 연말쯤 발해 세자 대광현이 이끌고 온 수만 명이 바로 그들이다. 심지어 이들의 구성에는 신하 외에 군사(軍士)들의 존재가 명시적으로 나타나 있다. 즉 이만한 병력을 포괄하여 망명해 온 이는 대광현 때가 유일하고, 아마도 그가 이끌고 왔다는 군사들이란 것도 결국 중앙병력의 경우 부여성부터 홀한성까지 이어진 거란과의 총력전으로 상당수 손실이 있었을 테니, 아마도 다수의 지방민들이 그 구성에 포함되어 있었을 것이다. 이들이 곧 일리천 전투 당시에 유검필 휘하에서 활약한 기병대가 아니었을까.

고려의 다른 부대들이 그냥 마군(馬軍)이라고 통칭되었던 것에 비해 이들은 심지어 정예기병(勁騎)으로 불린 것을 보면 객관적으로 보아도 고려군 내에서 전투력이 특출난 부대로 인식되었다. 즉 말갈 집단에서 아무나 데려다가 머릿수를 채워 넣기 위해 만든 부대가 결코 아니라는 뜻이다. 체계적으로 훈련을 받은 정규군 이상의 실력을 갖춘 존재들이 바로 그들이었으니, 그렇다면 결국 최소한 발해의 지방군 수준 이상은 되었을 확률이 높아 보인다.

역사에서 상상력은 위험하긴 하지만, 그렇다면 왜 하필 유검필인가 하는 궁금증을 풀기 위해서 어쩔 수 없이 약간은 시선을 넓혀서 바라봐야 할 듯하다. 마침 우리가 주목해 볼 만한 기록들이 있다.

> (905년) 평양의 성주 장군 검용(黔用)이 항복하였고, 증성(甑城)[32]에서 적황색 복장의 도적단 명귀(明貴) 등이 귀부하였다.
> (906년) 궁예가 왕건에게 명하여 정기장군 검식(黔式) 등을 거느리고 군사 3천 명을 지휘하여 상주(尙州)의 사화진(沙火鎭)을 공격하게 하였다.

이때는 바로 궁예가 새로운 수도 철원으로 들어간 해이자 이를 기념하여 연호도 새롭게 성책(聖冊) 원년으로 선언을 한 해였다. 동시에 그간 꾸준히 자신의 세력권으로 흡수해 온 패서(浿西) 지역을 13개의 진(鎭)으로 재편성한 해이기도 했다. 이때의 패서라는 지역은 시대에 따라 세부 위치가 달라지는데, 이 당시만 해도 궁예가 북쪽으로 아직 평양까지 세력화하지 못하였던 시기이다 보니 대략적으로 오늘날

32 평양 서쪽인 평안남도 증산 일대로 추정

황해도 서부 일대로 보면 된다.

그런데 바로 이때에 평양의 성주인 장군 검용이 궁예에게 항복해 왔으니 얼마나 놀라운 일이었겠는가. 평양은 물론 이 당시 몰락하기는 했어도 공식적으로 여전히 발해의 영토였다. 한마디로 발해의 최전선 도시를 담당하는 장군이 궁예에게 고구려의 옛 도시라는 상징성을 선물로 안겨준 셈이었다.

다만 이를 믿지 못하는 일부 역사가들은 검용이란 인물이 성주 겸 장군으로 묘사된 것을 보고 마치 앞서 윤선이 그러했듯이 폐허로 방치되어 있던 평양을 차지하고는 스스로 성주 장군으로 칭하였다가 나중에 궁예에게 투항해 온 것이 아닌가 하고 추정하기도 한다. 물론 그럴 개연성도 없지는 않지만, 이는 동시에 평양에서 멀지 않은 증성 출신의 명귀의 사례를 보면 자연스럽게 반박된다.

그 역시 정식으로 역사에 기록을 남길 만큼 상당한 세력을 거느리고 궁예에게 투항해 왔음에도 그는 성주나 장군이 아닌 단순히 도적단(賊) 정도로 표현된 것을 보면 분명 이 둘의 출신 차이는 상당히 컸다고 여겨진다. 즉 명귀에 비해서 검용은 성주 장군으로서 손색이 없는 사회적 지위를 가진 인물이었던 셈이다. 더욱이 검용은 윤선과 달리 고려나 신라 출신이라는 기록 자체가 나오지 않는다. 그렇다면 이는 그가 실제로 평양의 정식 성주이자 북국 발해의 장군일 때에 비로소 가능한 일일 것이다.

여기서 그의 이름에 잠시 주목해 보자. 검용(黔用). 유검필의 이름 검필(黔弼)에도 그와 똑같은 검(黔) 자가 쓰인다. 유검필은 무장으로서

한 시대를 풍미하는 위인이었는데, 검용 역시 단순히 성주가 아니라 공식적으로 장군 출신이라는 점 역시 주목된다.

검용뿐만 아니라 바로 다음 해에는 정기장군(精騎將軍) 검식(黔式)이라는 존재가 연이어 등장하는데, 왕건이 궁예 휘하에서 정기대감(精騎大監), 곧 정예기병을 총괄하는 군단의 차관급이었던 것처럼, 검식 역시 똑같이 정예기병을 담당하는 부대의 장수로 등장하고 있다. 유검필도 처음에는 기병대를 이끄는 마군장군으로 경력을 시작하는 데다가 일리천 전투 때도 정예기병 부대를 이끌고 참전하는 것을 보면 무언가 강한 연관성이 느껴진다.

참고로 905년 검용의 투항과 918년 유검필의 첫 등장 사이에는 10여 년의 시간차가 존재한다. 유검필이 처음으로 활약을 보이던 당시 나이가 40대 중반이었다고 추정한다면 905년이면 잘해야 서른 살 전후였을 테니, 아무래도 그가 곧 성주급이었던 검용이나 장군이었던 검식과 동일 인물이라고 보기는 조금 어려울 듯하다. 만일 이들이 혈연적 관련성이 있는 사이가 맞다면 아마도 짐작건대 자식이거나 동생 내지 친척뻘 정도 되지 않았을까.

그런데 평양 성주는 단순히 검용이고 유검필은 성씨가 있는데 그게 가능한 일일까? 물론 가능하다. 기본적으로 검용이 등장하는 사료는 『삼국사기』인데 우선 여기에서는 검용과 검필 모두 성씨 없이 언급된다. 아예 성씨가 없었던 것인지까지는 알 수 없으나 사료의 특성상 후삼국시대의 인물들이 나열된 기록을 보면 성씨가 있는 게 분명한 사람도 성씨가 생략된 채 사용되는 사례가 자주 발견된다.

게다가 이 당시는 누구나 성씨를 가지고 있었던 것은 아니며, 심지어 왕건의 유력 장군들의 성씨 또한 918년 이후에 부여된 사례가 있었다. 대표적으로 왕건의 4대 개국공신이 그 증거이다.

홍유(洪儒): 초명은 '술', 의성부(義城府)[33] 사람
배현경(裴玄慶): 초명은 '백옥삼', 경주(慶州)[34] 사람
신숭겸(申崇謙): 초명은 '능산', 광해주(光海州)[35] 사람
복지겸(卜智謙): 초명은 '사귀'

이들 4인방은 왕건의 쿠데타 당시까지도 초명으로 불리던 이들인데, 나중에 한자식으로 성과 이름이 주어지게 된 것이다. 유검필 역시 그 이전에 유(庾)씨 인물이 사료에 나온 바가 없었고, 또 한자 자체에도 성씨의 뜻이 없다. 이 글자가 이름에 들어간 가장 유명한 인물은 다름 아닌 삼한 통일의 주역 김유신(金庾信) 장군이다. 혹여나 왕건이 개국공신들에게 성과 이름을 부여하듯이 마찬가지로 유검필 집안에 처음 성씨를 내릴 때 정말로 그런 역사적 배경을 참고하였을지도 모를 일이다. 여담이지만 왕건의 첫 번째 아내인 신혜왕후 집안의 경우도 그녀를 오래된 버드나무(古柳) 아래에서 처음 만났기에 류(柳)씨를 부여한 것처럼 말이다.

그렇다 해도 여전히 남는 의혹은 유검필의 출신지이다. 역사

33 경상북도 의성군
34 경상북도 경주시
35 강원도 춘천시

기록상으로 유검필은 평주(平州)[36] 사람이라고 명확히 나와 있기 때문이다. 그러나 이 또한 반론의 여지가 충분히 있다. 바로 위의 신숭겸의 경우가 대표적인데, 『신증동국여지승람』에 따르면 신숭겸의 출신지로 기재된 광해주는 그의 묘가 있는 곳이고, 원래는 전라도 곡성(谷城) 사람인데 왕건이 성씨를 주면서 평산(平山)을 본관으로 하게 하였다는 것이다. 1607년에 세워진 신숭겸 충렬비에도 이를 확인해 주는 내용이 남아 있다.

> 신(申)씨는 곡성에서 나왔는데 고려 태조가 평산에 본적을 하사하였다. 공의 이름은 숭겸(崇謙)이고, 처음 이름은 능산(能山)이며 그 자는 전하지 않는다.

즉 실제 자신의 출생지와 별개로 고려 초에는 각자 자신의 출신 지역을 새롭게 정하곤 하였다. 이를 본다면 유검필의 평주 출신이라는 설 역시 나중에 왕건에 의해 주어진 새로운 지역 기반일 수도 있는 셈이다.

참고로 후에 발해 세자 대광현이 고려에 투항해 왔을 때 왕건이 왕계(王繼)라는 이름을 새로 주면서 조상의 제사를 모실 수 있도록 배정해 준 땅이 배주(白州)[37]였는데, 우연찮게도 유검필의 평주와 맞닿아 있는 곳이다. 이 또한 무언가 의도가 엿보이긴 하나, 어쨌든

36 황해도 평산군, 고구려 때의 대곡군(大谷郡, 고구려어로 다지홀(多知忽))
37 황해도 배천군

아마도 대광현 역시 고려식 본관제를 따르자면 배천 왕씨가 되는 셈이다.

그럼 본관 정도가 아니라 아예 조상의 출신지를 바꾼 케이스는 없을까? 물론 있다. 대표적으로 채인범(蔡仁範, 934~998) 집안을 예시로 들 수 있겠다. 다행히 그의 묘지명이 지금까지 남아 있다.

채인범 묘지명, 국립중앙박물관

송나라의 강남 천주(泉州) 사람이다. 지례사(持禮使)를 따라 배를 타고 서장관이 되어 서쪽에서부터 대해를 건너 동쪽의 해 뜨는 나라에 다다랐다. (970년에) 우리 조정을 찾아왔는데 이로써 광종 덕분에 머물게 되었다. (중략) 소생으로는 아들이 하나 있는데, 관직이 내사시랑(內史侍郎) 내사문하평장사(同內史門下平章事) 감수국사(監修國史)에 이르렀다.

그의 아들이 바로 목종 때부터 현종 때까지 활약하였던 채충순(蔡忠順, ?~1036)으로, 특히 다음 장에서 자세히 설명할 강조와 함께 현종을 국왕으로 옹립하는 공신 중 한 명이다. 그와 관련하여 『고려사』 「열전」에서는 가계 기록이 유실되었다고 하였지만, 위의 채인범 사망 후 묘지명을 만들던 당시(1024년)에 내사시랑에 내사문하평장사를 역임한 채씨 관료는 그밖에 없기에 채인범과 채충순은 부자지간임이 확인된다.

여기에 따르면 채충순은 출신 자체가 송나라 이민자로, 그 아버지가 광종 때인 970년에 고려에 처음 정착하였고 성종을 거쳐 상서(尙書) 예부시랑(禮部侍郎)으로 목종 초까지 근무하였다. 아버지를 이어 그 역시 목종 때 학사(學士)를 거쳐 중추원(中樞院)의 부사까지 올랐다.

그가 외국인 출신임은 다른 일화로도 유추가 가능하다. 예컨대 같은 송나라의 온주(溫州) 출신인 문사(文士) 주저(周佇, ?~1024)가 1005년에 상선을 타고 고려를 방문하였을 때 그의 재능을 알아보고 목종에게 보고하여 그를 스카웃하도록 한 것이 바로 채충순이었다. 집안에서 중국어를 사용했던 그라면 고려 말이 통하지 않았을 주저와도 대화가 가능했을 것이다.

그런데 왜 그가 중국 송나라 출신임이 고려 역사에서 사라지게 되었을까? 심지어 주저 같은 동시대인들은 여전히 역사서에 그 출신이 남아 있는데도 불구하고 말이다. 그가 반역이라도 저질렀다면 기록말살형(Damnatio memoriae)이라도 의심해 보겠으나 그는 오히려 공신이었고, 후손들 역시 아무런 문제가 없었다. 그가 살아 있을 때 만들어진 아버지의 묘지명에는 분명히 송나라 출신임이 명기되어 있기도 하고 말이다.

그렇다면 추정해 볼 수 있는 것은 시간이 흐르면서 자연스럽게 기록이 유실되었거나 혹은 후대의 의도적인 기록 누락밖에는 없다. 유지성 묘지명(1045)이나 임광 묘지명(1152)도 그렇게 당대에는 스스로 중국계임을 명시하고 있지만 어느덧 후대에 작성된 『고려사』 등의 기록에서는 그러한 사실이 사라져 있다. 또 활쏘기에 능했던 명장 고열(高烈, 978(?)~1056)은 드물게도 흑수말갈계 귀화인인데, 유일하게 그의 출신을 기록한 『고려사절요』가 아니었다면 그 역시 출신지 정보가 사라질 뻔했다.

당대에는 자신들의 집안이 송나라 출신임을 자랑스럽게 기록으로 남겼겠지만, 시간이 흐름에 따라 점차 그 기억도 흐릿해지고 또는 고려에 완전히 뿌리를 내리고 정착하였기에 굳이 외국인 조상의 존재를 드러내지 않게 된 것은 아니었을까. 마찬가지로 이들 귀화인들처럼 유검필의 집안 역시 곧 고려 사회에서 주류로 자리를 잡음으로써 조상의 출신을 자연스럽게 평주 기반의 고려인으로 기재하게 되었던 것은 아니었겠나 추정된다.

이상과 같이 유검필의 출신을 여러 가지 정황증거를 통해 발해 계통이 아닐지 추론을 해보았는데, 만일 그게 맞다면 왕건이 그를 발해의 지방민인 말갈인들을 통제하도록 북방 국경지대에 파견한 이유도 설명이 되고, 일리천 전투와 같은 가장 중요한 순간에 외인 부대를 전담토록 하였던 사유도 납득이 가게 된다. 그 자신이 발해를 가장 잘 아는 인물이라면 누구나 다 충분히 인정할 만한 것들이기 때문이다.

그럼 혹시나 그의 자식 대에도 특이사항이 있을까? 아들은 네 명을 두었지만 별다른 기록은 없고, 독특하게도 딸이 유명하다. 당시에 동양원(東陽院)부인이라고 불린 그의 딸이 바로 왕건과 혼인을 한 29명의 부인 중 한 명이기 때문이다. 만일 유검필이 발해 출신이 맞다면 왕건이 고려와 발해를 혼인한 관계라고 말한 것은 실제로 있었던 역사적 사실이 될 수도 있는 것이다.

그녀는 6명의 왕후 다음으로 23명의 부인들 중 세 번째 위치였다. 즉 나름대로 우선순위가 높은 축에 속했다. 아버지 유검필이 갖는 사회적 지위가 그녀의 높은 등급을 뒷받침해 준 게 틀림없다. 심지어 1등급 개국공신 중 대표 격인 홍유의 딸보다도 순서가 훨씬 높다.

그녀는 왕건과의 사이에서 두 명의 아들을 낳았는데, 효목태자(孝穆太子) 왕의(王義)와 효은태자(孝隱太子)가 그들이다. 첫째인 왕의는 아들을 하나 두었는데, 나중에 출가하여 스님이 되었다는 사실만 전해진다. 둘째인 효은태자의 경우 이름은 역사에서 유실되었지만, 어머니가 동양원이라는 궁에 머물렀던 것에서 파생하여 그 역시 당대에는 동양군(東陽君)으로 불렸다.

그가 의외로 역사에서 나름 유명해진 이유는 사실 비극적인데, 나중에 광종이 왕권 강화를 위해 호족세력을 척결하던 당시에 그 역시 다른 마음을 품었다는 사유로 죽임을 당하고 말았기 때문이다. 당대의 평가로는 그가 성격이 거칠고 삐뚤어진 데다가, 누군지 특정되지는 않지만 어떤 마이너한 이들과 교류하였기 때문이라고 하는데, 실제 역사적 진실은 오늘날 우리가 알 길이 없다.

다만 그의 두 아들 왕림(王琳)과 왕정(王禎)은 그나마 나이가 어려서 사형에 처해지지는 않았으나, 아버지의 죽음 이후 도망쳐서 일반 백성들 사이에 숨어 살면서 근근이 입에 풀칠하고 겨우 지낼 수 있었다고 한다. 1009년에 강조가 정변을 통해 정권을 잡게 되자, 현종에게 그 둘의 왕실 복권을 요청하여 작위와 재산을 내려주었다고 한다.

참고로 효은태자가 사형당한 시점은 아마도 광종의 광풍이 한참 몰아치던 970년 전후한 시점으로 추정되는데 이 당시에 북방의 동향과 관련하여 큰 이슈가 있었고, 또 강조도 발해와의 간접적인 연관성이 있는 인물이어서 다음 장에서 자세히 살펴볼 예정이다.

여기서 끝이 아니다. 심지어 그의 후손들을 추적해 나가면 더욱 신기한 일들이 나타난다. 우선 유검필 자신이 평산 유씨의 시조라는 점을 염두에 두고, 고려 전반기의 유씨의 후예들을 찾아 나서 보자.

우선 993년 제1차 거란-고려 전쟁 당시 발해유민인 중랑장(정5품) 대도수(大道秀) 곁에는 낭장(정6품) 유방(庾方)이 파트너로 활약했다. 그는 목종 말기에 친종장군(親從將軍, 정4품)[38]으로 승진해 있었고, 국왕을 지근거리에서 호위하는 인물로 등장한다. 이후 1010년 제2차 전쟁 시에 서경을 지키던 대도수가 상황에 밀려 어쩔 수 없이 거란에

38 중앙 2군의 1천 명 단위 부대인 령(領)의 지휘관

항복하자 유방은 바로 다음 해에 서경유수에 임명되어 서북면 국방을 책임지게 되었다. 이 둘의 관계를 직접적으로 증명할 수는 없지만, 발해유민과 파트너였던 유방이 나중에 고려 정부의 최고위 관직까지 오르는 것을 보면 참으로 묘한 인연이라는 생각이 든다.

또 1009년 목종의 총애를 받은 두 명의 측근으로 발해 출신인 유충정(劉忠正)과 함께 유행간(庾行簡)이 언제나 같이 있었다. 이 둘 역시 어찌 보면 동료로 보일 수도 있겠지만, 사실 정치적으로 둘은 한편이 아니라 서로 견제하는 관계로서 등장한다. 이 외에는 기록이 너무 부실하여 더 자세한 사항은 알 길이 없지만, 발해 출신으로 명시적으로 나오는 인물 옆에는 신기하게도 마치 따라다니듯이 유(庾)씨 인물이 동시에 존재하는 것 역시 무언가 암시하는 바가 있을 듯하다. 이에 대해서는 발해유민에 대한 고려 사회의 시선을 들여다볼 때 좀 더 자세히 다뤄볼 예정이다.

동시대의 경계인들

그렇다면 유검필만이 독특한 사례였을까, 아니면 그 외에도 비슷한 사례들이 많았을까? 당연히 있었다.

이를테면 태조 왕건의 명으로 서경을 처음 개척할 당시 온가족을 거느리고 서경으로 이주한 호족인 동주(洞州) 출신의 **김행파(金行波)**라는 인물이 있다. 흥미로운 부분은 그의 배경인데, 힌트는 다름 아닌 '사냥'이라는 키워드에 있다.

– (918년) "평양은 옛 도읍으로 이미 오래전 황폐해졌고, 지금은 가시덤불이 무성해 번인들이 그 사이를 사냥하느라 돌아다니고…" (후략)

– (922년 이후) 김행파는 활쏘기와 말타기를 잘해 태조 왕건에게 성씨를 하사받아 김씨가 되었다. 태조 왕건이 서경을 방문하였을 때 김행파는 사냥꾼들을 거느리고 길에서 알현하고서 자신의 집으로 초대하여… (후략)

과거 사냥은 기본적으로 놀이로서의 행위가 아니라 주요 생존 수단으로서의 행위였다는 점을 유념해야 한다. 이 당시 사냥을 주로 하였던 이들은 발해의 지역민이었던 말갈인들이었는데, 놀랍게도 김행파는 그처럼 사냥을 직업으로 하는 이들을 다수 휘하에 거느리고서 바로 같은 장소인 서경에 정착하였다는 게 목격된다. 더욱이 그의 출신지로 지목된 동주는 평양 곧 서경과 수도 개경의 딱 중간쯤에 위치한 지역이었다. 아마도 그 역시 넓은 의미에서의 발해계 출신이거나 어떤 형태로든 발해인들과 친연성을 공유하는 사이였을 가능성이 높다.

참고로 고려 사회 내에는 양수척(楊水尺)이라는 이질적인 집단이 존재했다.

> 양수척은 태조 왕건이 (후)백제와 전쟁을 벌이던 당시 제어하기 어려웠던 사람들의 후손들로 … 일정한 거처 없이 옮겨 다니면서 사냥을 하고… (후략)

명시적으로 표현되어 있지는 않으나, 이들 역시 신라 혹은 고려의 전통적인 사회의 양태와는 다른 생활 패턴을 보이는 존재들로 묘사되어 있는데, 이들도 사냥이 주업인 면에서 분명 고려 국경 밖에서 유입된 이들일 수밖에 없다. 그런 이들이라면 왕건 당시에 대규모로 외부에서 이주해 온 존재는 발해유민들밖에 없었다. 그중에서도 아마 문명화된 본토 출신이라기보다는 상대적으로 발전이 더뎠던 지방민 계층인 말갈 계열이 아니었을까.

또한 태조 왕건 시기의 유력 호족 중 하나로 평주, 곧 오늘날 황해도의 평산 박씨가 있다. 특히 박수경(朴守卿)의 경우 왕건을 도와 여러 전투에서 큰 공을 세운 인물로 심지어 제3대 국왕이 되는 정종 왕요의 권력 탈취를 도와 공을 세우는 대표적 세력가로 손꼽힌다.

그의 아버지와 형 박수문(朴守文)도 고려의 개국과 초기 안정화에 기여한 인물들인데, 그 대가로 태조 왕건에게 각자 딸을 한 명씩 혼인시켜 막강한 외척 세력을 형성하기까지 한다.

그런데 사실 좀 더 흥미로운 부분은 박수경과 박수문의 할아버지인 **박직윤(朴直胤)**이라는 존재이다. 후손들의 금석문 기록에 따르면 그는 신라의 왕족 출신으로, 좀 더 일찍 아버지 대에 북원경과 죽주를 거쳐 그의 대인 신라 말에 평주로 이주해 와 읍장(邑長) 즉 초기 호족이 되었다고 한다. 참고로 평주는 유검필의 본관이기도 하고, 바로 앞의 김행파 출신지로 기록된 동주와 맞붙어 있는 지역이기도 하다. 어쨌거나 이때의 그의 직책이 상당히 놀라운데, 다름 아닌 옛 고구려의 최고위급 무관인 대모달(大毛達)이었다는 사실이다.

박경산(박직윤 후손) **묘지명,** 국립중앙박물관

이를 보면 그가 과연 신라 출신이 맞는지 의심스럽기도 하다. 왜냐하면 뜬금없이 네이티브 신라인이 옛 고구려의 남방 영토로 와서 희한하게도 고구려의 장군이라고 자칭한 셈이 되기 때문이다. 오히려 옛 고구려 출신의 인물이 평주에 정착하면서 독자적으로 세력을 규합하는 과정에서 어차피 지역 기반이 옛 고구려 영토이기도 하였기에 스스로 옛날 호칭인 대모달 즉 장군을 칭했다는 것이 좀 더 합리적이지 않을까 싶다. 여기에 그가 박씨이다 보니 먼 조상의 출신을 기왕이면 후삼국에서 누구나 다 아는 신라의 왕족으로 연결 지어 스스로의 몸값을 이중으로 올리려고 하였던 것은 아니었을까.

이 가설이 맞다면 그의 실제 출신지는 어디였을까? 대략 9세기 말경은 고구려가 멸망한 지 무려 2백 년도 넘은 시점이었다. 그런데 그의 아버지인 박적오(朴赤烏)의 출신지라고 나오는 북원경도 원래 고구려의 평원군(平原郡)이었던 곳으로, 신라 문무왕이 삼한통일을 완수한 이후에 설치된 곳이다. 따라서 고구려의 영토 출신이라고 보는 게 좀 더 적합하지 않을까 싶은데, 그렇다면 이 당시 옛 고구려 땅에는 오직 하나의 존재밖에 없었다. 바로 발해였다.

실제로 발해에도 박씨가 존재했다. 이보다 약간 후인 925년에 발해유민 1천 호를 데려온 검교개국남 박어(朴漁)나 938년에 3천 호를 이끌고 고려로 망명해 온 박승(朴昇) 등을 보면 발해에는 박씨들이 사회 상층부에서 활동하였던 것이 확인된다.

근거는 또 있다. 박수경과 동시대를 살았던 박질영(朴質榮)이라는 사람이 있는데, 그는 왕건이 고려 건국 초기에 최고위직인 시중으로 임명하였던 인물이다. 그런데 앞서 김행파와 마찬가지로 그 역시 가족들과 함께 서경으로 이주하는 이력이 눈에 띈다. 그렇다, 바로 서경이다. 김행파가 자신의 출신성분에 따라서 서경으로 이주하였듯이 박질영도 분명 서경 내지 북방 지역과 어떠한 연관성이 있었을 것이다.

아마도 박수경의 할아버지인 대모달 박직윤과 마찬가지로 박질영도 같은 평주 박씨 가문으로, 거슬러 올라가 보면 신라 북부와 발해의 서남부 사이 어딘가 출신이었던 것은 아니었을까? 참고로 박수경 역시 왕식렴과 함께 제2대 국왕 혜종을 상대로 쿠데타를 일으켰을 때 서경의 병력을 동원하는 데 일조하였는데, 아마도 박질영으로 대변되는 서경 내 가문 일파를 동원하였을 개연성도 엿보인다.

그렇다면 지금까지와는 달리 거꾸로 후삼국 시기 혹은 고려 초에 북쪽으로 월경한 케이스는 없었을까? 물론 있었다. 그중 가장 유명한 이는 **함보(函普)**라는 인물로, 금나라의 시조로서 역사에 그 이름을 남겼다. 그가 완안부(完顔部)라는 여진 부락으로 이주한 것은 대략 900년대 초중반으로 추정된다. 이유는 나와 있지 않지만 당시 한반도는 전쟁과 기아로 허덕이던 상황이었기에 피난차 떠나왔던 것으로 짐작해 볼 수 있을 듯하다.

여진족들에게는 이방인에 불과했던 그가 완안부에서 완전히 자리를 잡는 것은 살인사건을 두고 이웃 부족과 갈등을 겪고 있던 문제를 그가 지혜롭게 해결해 준 게 계기가 되어서였다. 이후 여진족 사이에서는 살인사건을 처리할 때 함보의 판결 내용을 관례적으로 적용하게 된다. 어쨌거나 이 사건 덕분에 그는 부족민들에게 정식으로 완안부 구성원으로 받아들여졌다. 그리고 시간이 흘러 그의 먼 자손 중 한 명이 여러 여진 부족을 통합하여 금나라를 세우게 된다. 그가 바로 태조(太祖, 재위 1115~1123) 아구다(阿骨打, 1068~1123)이다.

흥미로운 것은 이들의 부족명이자 아구다의 성씨인 '완안'은 한자식으로 표현하면 '왕(王)'이 되는데, 바로 아래 고려 왕실의 성씨와 우연찮게도 같다. 더욱 신기한 것은 그가 특별히 발해인들을 포섭하면서 하였다는 말이다.

> "여진과 발해는 본래 한 집안이다."
> (女直 渤海, 本同一家)

전통적으로는 이 말은 발해를 속말말갈 계통으로 보고 자신들 역시 흑수말갈의 후예이니 같은 말갈이라는 의미로 해석해 왔다. 하지만 조금만 관점을 달리하여 여진족의 기원 자체가 발해의 지방민이었음을 상기해 본다면 원래 여진과 발해는 같다고 보는 것도 결코 틀린 말은 아닐 것이다. 다만 표현에서 여진을 앞세운 것은 그때는 그저 지방민에 불과했던 여진이 지금은 확실히 기세등등하던 상황이었던 만큼 발해 본토의 중앙민과의 차이를 마치 동급인 양 놓고 표현했던 것뿐이리라.

여기서 한 걸음만 더 나아가 본다면, 금 태조의 조상인 함보 역시 후삼국시대에 고려와 발해 사이에 존재했던 경계인이었을 가능성은 과연 없을까? 뜬금없이 전혀 일면식도 없던 저 멀리 타지로 갑자기 이주하였다고 하기에는 무언가 과정이 생략된 것처럼 보이는데, 따지고 보면 그렇게 하기까지 국경지대를 넘나들며 현지의 정보도 꽤 많이 얻고 현지인들과의 교류도 어느 정도 쌓은 다음 완안부로의 최종 이주를 결정하였다고 봄이 좀 더 합리적이지 않을까 싶다. 실제로 함보는 여진족의 공식 역사서신 『금사』에서는 고려 출신이라고 나오지만 출처가 다른 또 다른 기록에서는 신라 출신이라고도 기재되어 있다. 명확히 한 곳에서만 거주하던 일반적인 정착민이 아니었을 수도 있다는 의심이 드는 부분이다.

그 외에도 좀 더 후대인 1103년에 완안부에 고려인 의사가 살았다는 기록이나, 오래전 평주 출신의 승려 금준(今俊) 혹은 또 다른 승려의 아들 김극수(金克守)가 여진으로 이주하여 완안부의 아지고촌(阿之古村)에 살았다는 기록 등을 보면 북으로 떠난 이들은 훨씬 더 많았음을 알 수 있다. 심지어 함보의 동생 보활리(保活里)도 완안부의 다른 지역에 살았고, 형 아고내(阿古迺)의 후손도 나중에 완안부에 합류하게 된다. 함보 자신은 후손이 금나라 황실의 시조가 되었기에 이렇게 기록이라도 남게 되었지만 이름 없는 수많은 민중들의 이주도 분명 상다수 있었을 수밖에 없다.

이상과 같이 유검필 외에도 국경 밖 사냥꾼 세력을 거느린 서경의 김행파나 고구려 대모달을 자임한 박직윤 및 그의 후손들처럼 그 배경상 발해의 지방 세력과 연관성이 짙게 보이는 이들이 다수 발견된다. 더욱이 북방과의 인적 교류가 많았었음을 말해주는 함보 같은 이들도 같은 시공간에 존재했고 말이다. 이들이 곧 옛 고구려 혹은 동시대 발해의 변방 출신이거나 신라 말 지배력이 닿지 않던 공백 지역 어딘가에서 살아갔던 중세 한반도의 경계인이 아니었을까.

4장

강윤부터 강조까지, 강씨 일가의 비밀

4장

강윤부터 강조까지, 강씨 일가의 비밀

후삼국시대부터 고려 초에 이르기까지 다양한 성씨들이 활약하지만, 강(康)씨 집안은 1009년 강조가 쿠데타를 통해 역사의 전면에 나섰던 것을 제외하면 주로 배후에서 존재하였을 뿐 그렇게 주목받는 집안은 아니었다.

당장 고려 태조 왕건의 가문 설화 안에도 강충(康忠)이 등장하지만 워낙에 허구적인 내용이 많다 보니 우선 차치하고, 역사적 실존 인물로는 궁예를 비판하였다가 죽음을 맞이하는 아내 강씨가 있다. 왕건에게도 신주원(信州院)부인으로 불린 강씨 아내가 있었는데, 그녀는 신주(信州) 출신의 아찬 강기주(康起珠)의 딸이었다. 왕건과의 사이에서 아들 하나를 낳았으나 어려서 죽었기에 나중에 고려의 4대 국왕 광종이 되는 왕소를 양자로 삼아 길러준 인물이다.

그 외에도 914년경 나주 공략을 위해 선박 100여 척을 진수시킨 보장(步將) 강선힐(康瑄詰), 918년 첫 정부조직 인사발령 시 내봉감으로 임명된 강윤형(康允珩), 936년 일리천 전투에 참전한 원윤 강유영(康柔英) 정도가 후삼국시대에 등장하였던 인물이다. 특히 강윤형은 아마도 유검필과 같은 집안 출신으로 보이는 검강(黔剛)과 함께 함께 내봉성(內奉省)에서 근무한 이력이 있고, 강유영 역시 유검필과 동시에 일리천 전투 때 기마부대를 이끌고 참전한 바가 있는 인물이다.

> (918년 6월) 한찬[39] 검강을 내봉령(內奉令)[40]으로 임명하였다. (중략) 전 광평낭중 강윤형을 내봉감(內奉監)으로 임명하였다.
> (936년 9월) 원윤 강유영 등이 마군 10,000명… (중략) 대상 유검필 등이 흑수, 달고, 철륵 등 여러 번의 정예기병 9,500명… (후략)

그 이후로는 972년 송나라에 외교관으로 파견된 광평시랑 강례(康禮), 975년 전후하여 강전(康戩, ?~1006)과 그 아버지 병부시랑 강윤, 그리고 처음에 언급한 강조와 관계 미상의 강은(康隱)과 강의(康義), 1015년 거란의 통주 공격 당시 공을 세운 태사승 강승영(康承穎), 낭장 강효(康孝), 1018년 거란의 3차 침공 전 좌윤 강윤봉(康閏奉) 등이 역사에 그 존재를 드러내었다.

이들 신천(信川) 강씨는 황해도 신천군이 본관인 집안으로, 고려 태조 왕건의 가문 설화에 등장하는 성골장군 호경을 시조로 하고 있다. 이를 있는 그대로 믿기는 어렵지만, 어쨌든 모종의 형태로 왕가와의 연관성을 가지고 있는 집안이었다.

---

39 신라 때 17관등 중 5등급

40 궁예의 태봉 때부터 고려 초까지 운영된 내봉성의 장관직

그럼에도 그렇게 역사의 주역으로 등장하지 않았던 강씨 집안이 역사에 독특한 흔적을 남긴 사례가 있다. 즉 957년 무렵의 강전과 강윤이 그들이다. 글을 시작하면서 서두에서 개략적인 상황을 설명한 바 있는 바로 그 인물들이다. 우선 순차적으로 아버지부터 설명을 이어나가 보자.

강윤과 강전 부자

강윤(康允, ?~?)은 본인까지 3대가 병부시랑을 역임하였다고 한다. 항상 그렇듯이 이 말이 사실인지부터 확인을 해보아야 할 것이다. 그런데 고려 초기의 역사에서 우선 강씨로 병부(兵部)와 연관된 일을 맡았던 이가 기록상으로는 나타나지 않는다. 사실 『고려사』에 정리되어 있는 병부는 명칭부터가 초기 잠깐을 제외하고는 병관(兵官), 군부(軍部) 등 공식적으로 다르게 불렸다. 즉 병부가 아니었기 때문에 그 직책인 병부시랑도 사실 존재할 수가 없었던 셈이다.

그런데 신기한 점은 왕건이 서경에 지방정부를 조직하였을 때 그곳에는 병부가 있었고 오랫동안 유지되었다는 사실이다. 심지어 언제부터였는지는 불명확하나 병부시랑이라는 직책까지도 존재했음이 확인된다. 이로 미루어 보면 강윤과 그의 집안은 서경 정부에서 병부시랑을 맡았던 것이 거의 확실해 보인다. 더욱이 병부시랑을 3대에 걸쳐 마치 세습하듯이 내리 맡았다는 것을 보면, 강윤의 강씨 집안은 서경 토박이였던 셈이다. 과연 그들은 서경에서 무엇을 하였던 것일까?

이미 책의 앞부분에서 아들 강전의 젊었을 적 활약상을 살펴본 것처럼, 그들 부자는 975년경에 서경을 떠나 멀리 만주까지 올라가서 발해유민들의 대거란 저항 운동에 가담하였던 것은 역사적 사실이다. 우리들의 궁금증은 왜 고려인인 그들이 굳이 타국의 내전에 개입하려고 하였냐는 점이다.

975년 7월에 거란 황룡부의 장수였던 연파가 쿠데타를 일으키기 얼마 전에 한 사건이 서경에서 일어났다.

> (974년) 서경의 거사(居士) 연가(緣可)가 반역을 꾀하다가 처형당하였다.

광종의 치세 말이었는데, 다른 기사들 사이에서 아무런 설명 없이 뜬금없이 이 한 줄이 등장한다. 광종이 거주하던 수도 개경도 아니고 서경에서 어떤 반란을 모의하였다는 건지도 불분명하다. 위치상 분명 왕실에 대한 직접적인 쿠데타를 꾀한 것이 아님은 확실하다. 마치 유검필의 외손자인 효은태자가 광종에게 다른 마음(異圖)을 품었다고 죽임을 당한 것과 거의 비슷해 보인다.

그런데 거사라는 존재는 무엇일까? 기록에서는 별다른 설명이 없다 보니 사전적 의미를 참고할 수밖에 없을 텐데, 크게는 높은 학식을 갖췄으되 관직에 나서지 않는 사람을 지칭하거나 또는 출가는 하지 않았으나 불교에 귀의한 남자를 말하는 경우로 좁혀볼 수 있을 것이다. 단순히 생각해 보면 고려가 불교 사회였던 점을 감안했을 때

후자일 확률이 좀 더 높아 보일 수도 있겠다. 그러나 다른 한편으로는 불교도였다면 반역을 사유로 처형당하였을 가능성이 거의 없기 때문에, 개인적으로는 복장은 설혹 그래 보였을지 몰라도 실상은 전자였지 않을까 짐작된다.

실제로 거사라는 용어가 사용된 당대의 기록 하나를 살펴보자.

> (918년 3월) 당나라 상인 왕창근이 어느 날 우연히 시장에서 한 사람을 보았는데, 용모가 훤칠하고 수염과 머리털이 희고 머리에는 낡은 관을 쓰고 거사의 옷을 입고 왼손에는 바리 3개를, 오른손에는 사방 1척 남짓 되는 옛 거울 하나를 들고 있었다. (후략)

이 왕창근의 거울 사건을 통해 궁예는 몰락하고 왕건이 정권을 쥐게 되는데, 그 계기를 제공해 준 이가 곧 거사의 모습을 하고 사회 변혁의 시작을 알리는 역할을 하였다는 내용이다. 이를 토대로 보자면 연가라는 거사 또한 대략 당시 서경 사회에서 모종의 운동을 추진하였던 재야의 활동가였다고 정리해 볼 수 있을 것이다.

그런데 여기서 한 가지 참고해 볼 만한 것은 다름 아닌 그의 이름이다. 연가(緣可). 묘한 기시감이 들지 않는가. 974년에 고려 내에서 북방 정책을 상징하는 제2의 수도 서경에서 연가라는 인물이 반역을 이유로 사형을 당하고, 바로 다음 해인 975년에 한때 발해의 국방 정책의 핵심이었던 부여부, 곧 거란의 황룡부에서 발해유민 연파(燕頗)가 실제로 거란 정부를 상대로 반란을 벌인 것을 보면 말이다.

이 연파라는 인물은 기록에 따라서는 염부(琰府)라고도 하는데, 중국식 발음으로는 각각 앤포(Yān Pō)와 앤푸(Yǎn Fǔ)로 거의 같다. 청해진 대사로 유명한 장보고(張保皐) 역시 기록마다 궁복(弓福) 또는 궁파(弓巴) 등 거의 유사한 이름들로 불렸던 것과 마찬가지이다. 앞서 언급했던 금나라의 시조 함보도 똑같이 긍포(揹浦)나 감복(龕福)처럼 들리는 대로 한자로 기록하면서 여러 이칭들이 남게 된 케이스이다.

연가는 비록 한자는 다르지만 원래 발음되는 대로 비슷한 한자를 차용하는 것이 그 당시 일반적이었던 만큼 그 또한 북쪽의 연파와 어쩌면 관련이 있지는 않았을까. 오늘날의 우리는 더 이상 알 수 없지만 그 반역의 내용이 혹여나 광종의 내치에 집중한다는 국정 기조와 어긋나게 북방 이슈에 대한 적극적 개입이었다면 그것은 충분히 정부 입장에서는 '반역(叛逆)'으로 여길 만한 사안이었을 것이다. 혹여나 유검필의 외손자 효은태자가 어울렸다는 군소(群小)들도 연가와 같은 그런 집단은 아니었을까 궁금해진다.

어떤 사유로 반란을 꾀하게 되었는지 정확히 알 길은 없지만, 이로부터 160년이 지나 고려 사회를 뒤흔들었던 서경 승려 묘청(妙淸, ?~1135)의 난이 자연스럽게 연상된다. 묘청의 경우엔 서경천도 운동을 펼치다가 결국 뜻대로 되지 않자 독자세력화의 길을 선택하였지만, 본인들의 이상에만 함몰되어 정치적·군사적 준비가 턱없이 부족한 상태에서 김부식(金富軾) 등 보수적 개경 세력의 역공으로 1년 만에 몰락의 길을 걷고 말았다.

다만 그 뜻만 참고하자면 묘청은 단재 신채호(申采浩)의 말마따나 고려의 진보적 자주 세력의 최후의 상징과도 같은 존재였을지도 모르겠다. 혹 연가라는 서경 거사도 후대의 묘청처럼 고려 개국 시 국가 비전처럼 가지고 있던 북방 진출에 대한 꺼져가는 불씨를 되살리고자 고구려의 옛 수도 평양, 곧 서경을 중심으로 세력화를 도모하던 도중 결국 광종 정권의 탄압을 받고 스러져 갔던 것은 아니었을까.

어쨌거나 언제나 북방을 시야에 두고 있는 서경에서 아마도 발해유민 세력을 도와 반거란 운동을 획책하고자 하였을 수도 있는 연가는 결국 반역을 이유로 처형당했다. 그러나 비슷한 이름의 연파는 실제로 옛 발해의 땅에서 반거란 활동 곧 발해부흥 운동을 적극 밀어붙였다.

후자의 사건이 벌어진 975년 7월보다 두 달 전에 개경에 있던 광종은 수명이 다해 생을 마감하였고, 덕분에 국외활동에 있어 커다란 제약이 사라진 상황에서 서경의 병부시랑 강윤은 연파의 반거란 움직임에 적극 가담하였다. 아들 강전 역시 아버지를 따라 참전하였는데 아버지가 고려로 돌아간 사이 그는 아마도 발해부흥군과 함께 거란의 중심부까지 치고 들어갔다가 전세가 기울자 결국 멀리 돌아서 황룡부를 거쳐 고려로 물러났던 것으로 보인다.

공식적으로 고려의 중앙정부의 승인을 득하고 진행된 일인지는 알 길이 없지만 병부시랑 직책을 가진 이가 참전을 하였던 것을 보면 서경의 지방정부 차원에서는 최소한 비공식적으로라도 개입을 결정하였던 것은 아닐까 짐작된다. 물론 대규모 병력으로 파견되었던 것 같지는 않아 보이기에 자발적 참여에 따른 게릴라전 수준으로 진행된 것은 아니었을까 싶긴 하지만 말이다.

이를 통해 보면, 발해의 멸망 이후 고려로의 유민들의 집단 이주가 이어졌던 때로부터 무려 50년 가까운 긴 시간이 지났음에도 이때까지도 여전히 남쪽의 고려와 북쪽의 발해유민 세력들 간의 교류 루트가 어느 정도는 살아 있었던 것 같다. 아마도 연가라는 인물처럼 발해의 잔존 세력과 고려를 오고 간 존재들도 상당수 되지 않았었을까 싶고, 강윤과 강전처럼 북방에 관심을 가지고 지속적으로 정보를 취득하고 필요시 적극적으로 관여하는 세력도 마찬가지로 존재하였을 것이고 말이다.

다만 연파의 대거란 항쟁이 실패로 돌아가자 강전도 국내로 귀국하여 아버지의 조언에 따라 송나라로의 유학을 떠나게 되었고(아마도 해외 참전이라는 그의 활동이 문제가 될까 봐 우려해서였을 수도 있겠다), 또 연파 역시 잔존 세력을 이끌고 황룡부를 떠나 또 다른 발해의 후예인 정안국에 합류하여 별도로 부여부를 유지하면서 지속적으로 반거란 운동을 펼쳐나가게 된다. 후자의 경우는 장을 달리하여 다시 다루도록 하겠다.

어쨌거나 긴 세월이 지나고도 고려와 발해 간의 끊임없는 인적 교류가 이어지고 있었다는 사실은 지금 다시 생각해 봐도 놀랍기 그지없다.

강조의 정변

이보다 좀 더 뒤에 등장하는 **강조(康兆, ?~1010)**의 사례도 한번 살펴보자.

그는 국왕을 직접 보좌하는 중추원의 중추사(中樞使) 겸 내사문하성 소속의 우상시(右常侍)를 역임하였는데, 가장 마지막에는 목종에게 서북면 도순검사로 임명되어 국경 방어의 최고 책임자가 되어 서경으로 파견 나가 있었다.

여기서 그를 중용해준 목종은 앞서 한 차례 설명한 바 있듯이 998년에 서경을 호경(鎬京)으로 격상시킨 바로 그 인물이다. 그 직후부터 자신의 재임기간 동안 거의 매년 북방 국경지역 각지에 축성을 하여 총 10여 개의 성을 새로 쌓게 하였을 정도로 북방에 대한 그의 관심은 지대하였다. 기록은 나와 있지 않지만 강조의 서경 파견도 그의 그런 큰 그림 속에서 맞춰진 퍼즐이었을 것이다. 물론 그 중요한 임무에 그가 발탁된 데에도 그만한 이유가 있었을 테고 말이다.

어쨌거나 그러던 중 강조는 1009년 1월 목종의 사망설에 속아 서북면 방위군 중 5천 명의 병력을 동원해 개경으로 진군해 온 다음 당시 자식이 없었던 목종을 대신하여 사촌 동생인 왕순을 차기 국왕으로 옹립하였다. 본의 아니게 정변을 일으키게 되었지만 기본적으로 애국자였던 강조는 이 기회에 혼란스러웠던 고려의 왕실과 정계를 개혁하는 일에 착수하는데, 그중 눈에 띄는 일이 한 가지 있다.

(1009년 2월 4일) 중추원(中樞院), 은대(銀臺), 남북원(南北院)을 혁파하고, 중대성(中臺省)을 설치하여 세 기관의 업무를 모두 귀속시켰다.

당대의 고려 정부는 크게 보면 2성 6부의 체제로 조직이 구성되어 있었다. 시기에 따라 명칭은 조금씩 달라지지만, 어쨌든 이 시기 고려 최고의 의정 기관으로 내사문하성(內史門下省, 중서문하성)이 존재했고, 다음으로 행정을 담당하는 상서도성(尙書都省, 상서성)이 있었으며 그 휘하에 6부(이부, 병부, 호부, 형부, 예부, 공부)라는 실무부처들이 배속되어 있는 구조였다. 이는 대개 중국의 3성 6부 체제를 참고한 것인데, 중서성(中書省)의 고려식 이름인 내사성(內史省)과 문하성(門下省), 그리고 상서성(尙書省)이라는 3성 구조에서, 앞의 두 성이 하나로 합쳐진 게 고려의 방식이었다.

그런데 발해 역시 3성 6부 방식을 따르되 명칭과 위상이 달랐다. 중국식 명칭이 아닌 자체적인 체계를 따라 선조성(宣詔省), 중대성(中臺省), 정당성(政堂省)의 3성이 존재했고, 여기서 정당성 휘하에 실무부처인 6부가 배치되는 체제였다.

이때 강조가 만든 중대성이라는 조직은 중추원과 은대 등의 기관을 합친 것인데, 묘하게도 발해의 중대성과 한자까지 똑같다. 이렇게 내사문하성, 상서도성, 그리고 중대성까지 3성 체계를 복원한 것이 강조의 중앙정부 개편안이었다. 원래 내사문하성의 재상이 고려 사회에서 일인지하 만인지상의 최고위급 지위였다면, 강조의 중대성은 사실상 내사문하성을 문하성 격으로 격하시키고 직접 국왕과의 소통을 담당하는 최고 부처로서 중국식의 중서성을 부활시킨 셈이었다.

왜 굳이 기존 내사문하성을 둘로 쪼개지 않고 새롭게 중대성을 설치하였는지 그의 생각을 읽어내기는 어렵지만, 오랜 기간 준비한 끝에 정변을 일으킨 게 아니라 여건상 급작스럽게 정변으로 이어진 상황이었다 보니 본인 스스로 준비가 덜 된 측면이 컸을 듯하다. 아울러, 정변 초기에 고려 사회에 공고히 자리 잡고 있는 기존 체제를 완전히 무너뜨리고 제로 베이스에서 새롭게 정부를 구성할 여유가 없는 상황이었기에, 현 정부 구조는 그대로 둔 채 자신이 직접 통제력을 발휘할 수 있는 신설 조직을 통해 개혁을 추진하고자 하였던 것은 아니었을지 짐작해 볼 수 있을 것이다. 그때 그가 참고한 것이 혹 발해식 정부조직은 아니었을까?

그 외에도 앞서 언급한 바 있듯이 왕건의 아들이자 유검필의 외손자로 광종에 의해 죽임을 당한 효은태자의 복권도 그가 한 일들 중 하나이다. 그저 다른 마음을 먹었기에 광종에게 처형되었다는 정보 외에는 정확히 효은태자가 무슨 일을 벌였는지는 오늘날 알 수가 없다. 다만 그가 처형당한 시점이 광종이 내치에 중점을 두고 왕권 강화를 위해 적극적으로 호족들을 제거해 나가는 과정 중이었다는 것과 서경에서 반역을 일으키려 하였던 사유로 연가 역시 사형에 처해진 점에 비추어 본다면, 그 당시 상황을 직접 목격하고 또 잘 알고 있었던 강조가 보기에는 효은태자가 억울한 사유로 죽어야만 했다고 여긴 어떤 정황이 있었을 것으로 추정해 볼 수 있을 것이다.

어리다는 이유로 연좌제에서 가까스로 벗어날 수 있었던 효은태자의 두 아들 왕림(王琳)과 왕정(王禎)은 민가에 숨어들어 비참하게 구걸하며 살아야만 했다고 하는데, 강조가 이 둘을 찾아내어 현종에게 건의하여 다시 왕가로 받아들이도록 배려해 주었다. 형 왕림은 상서도성의 좌복야(左僕射), 곧 상서도성 내 2인자 자리까지 올라갔고, 동생 왕정은 차기 왕위 계승권자를 보좌하는 태자첨사(太子詹事) 상경거도위(上輕車都尉)가 되었다가 1012년 3월에 사망하였다.

강조를 이해하기 위해서는 그를 따른 이들도 한번 살펴볼 필요가 있는데, 사서에서 공식적으로 그와 한편이라고 분류된 이들만 해도 다음과 같다. 즉 하공진, 탁사정, 이현운, 최창, 위종정, 강은, 박승 등이 그들인데, 여기에 강조의 후임자인 양규까지 포함할 수 있을 것이다. 거의 모두 어떤 형태로든 제2차 거란-고려 전쟁 때 활약한 인물들이다.

하공진(河拱辰)은 성종 때인 994년 즉 서희가 강동6주를 설치하던 당시에 압록강 변에서 나루터를 통제하는 압강도구당사(鴨江渡勾當使)로 부임하였던 게 처음 기록이다. 사실 출신지는 훨씬 남쪽인 진주(晋州)[41]였지만 경력상 최전선에서의 일을 맡게 되면서 아마도 북방에 대한 관심을 가지게 되었던 것 같다. 이후 목종 때 중랑장으로 근무하던 당시 왕이 병으로 몸져눕자 하공진은 장군 유방 및 중랑장 탁사정 등과 함께 침전의 문 가까이에서 당직을 섰다. 얼마

41 경상남도 진주시

뒤 상서도성의 좌사낭중(尙書左司郎中)으로 옮겼다. 강조가 거병하여 개경 근처까지 다가오자, 이 소식을 들은 하공진은 탁사정과 함께 강조에게로 달려갔다. 그가 어떻게 강조와 알게 되었는지는 불분명하지만 어쨌든 그는 순도 높은 강조파였다.

한편 1009년 하순 혹은 1010년 초경에 그는 국경지대에 근무하던 중 자의적 판단으로 부대를 통솔하여 동여진 부락을 공격하였다가 낭패를 당한 적이 있는데, 나중에 그와 친했던 류종(柳宗)이라는 인물이 마침 자신이 관할하던 화주관(和州館)에 여진족 95명이 찾아왔을 때 이들을 상대로 사적 복수를 한 일이 있었다. 그 때문에 여진족은 한을 품고 나중에 거란 측에 강조의 정변에 대한 동향을 고하였고 그것이 나비효과로 번져서 제2차 거란-고려 전쟁의 불씨가 되었다. 하공진은 자신이 직접 벌인 일은 아니었지만 이 일에 연좌되어 유배형에 처해졌다가, 현종이 전쟁 발발 직후인 1010년 12월에 급히 복직시켰다. 그를 불러들인 것은 현종이 둔 신의 한 수였다. 제2차 거란-고려 전쟁으로 현종이 급히 피신을 떠나야 했을 때 하공진이 말 그대로 붕괴 상태였던 고려 조정의 사신이 되어 거란군을 상대로 능수능란한 외교전을 펼쳐 사실상 조기 퇴각을 가능케 한 커다란 공로가 있다. 아래에서 다시 얘기하겠지만 강조와 마찬가지로 거란 조정의 강력한 회유에도 불구하고 그 역시 목숨을 바쳐 고려를 향한 애국심을 끝까지 지켜낸 인물이었다.

탁사정(卓思政)은 하공진과 함께 목종을 지켰던 인물이며, 제2차 거란-고려 전쟁 당시 양대 최전선의 총지휘관 중 한 명인 동북계

도순검사로 승진해 있었다. 강조가 자신의 직전 직위였던 동급의 도순검사로 그를 임명한 것만 봐도 그 역시 골수 강조파였다. 거란의 전격전으로 인해 서경부터 개경까지 모두 위태로운 상황에서 동북계보다는 당장 위급한 서북면 방어를 위해 직접 부대를 이끌고 서경 방어를 위해 달려왔다. 다만 초기의 여러 차례 승전에도 불구하고 거란군의 기세에 압도되어 서경을 버리고 물러나는 실책을 범하고 만다.

또 강조가 서북면 도순검사로서 쿠데타를 일으킬 때 그의 최측근 역할을 한 이가 바로 도순검부사였던 이부시랑 **이현운(李鉉雲)**이었다. 그는 쿠데타 때도 그렇지만 강조가 정부조직 개혁을 추진하였을 때에도, 제2차 거란-고려 전쟁을 대비하여 대규모 방어군을 편성하였을 때에도 역시나 강조 다음가는 2인자로 군림하였던 인물이었다. 나중에는 고려를 배신하여 강조의 화를 돋우긴 하였지만, 전까지만 해도 어찌 되었든 가장 충실한 강조의 측근이었음은 두말할 나위가 없을 것이다. 다만 여기서 관심을 가질 부분은 바로 그의 직책인 이부시랑(吏部侍郎)이다. 동시간대에 개경의 조정 내에도 똑같은 이부시랑 최항(崔沆)이 있었던 것을 보면 이현운의 직책은 아마도 서경의 지방정부 직책이었지 않았을까 싶다. 그렇다면 기록상에 출신이 적시되어 있지 않은 이현운은 아마도 서경 내지 북방과 관련된 지역 출신이었을 것으로 자연스럽게 추정해 볼 수 있을 것이다.

안북도호(安北都護)[42]의 장서기(掌書記) **최창(崔昌)**[43]과 내사주서(內史主書)[44] **위종정(魏從政)**의 경우 어떤 일에 연루되어 쫓겨나서 조정을 깊이 원망하였으며 항상 반란을 일으키고자 하였다고 하는데, 이 말을 곧이곧대로 믿기는 어렵다. 나중에 현종이 강조 사후에 강조파를 전격 숙청하였을 때의 편견이 어느 정도 녹아 들어가 있을 개연성이 높기 때문이다. 둘 다 7품 정도로 그다지 직책이 높지는 않았으나, 어쨌거나 하공진도 최전선에서 근무한 이력이 있고 탁사정도 동북면 최고책임자로 영전한 바 있는 것처럼 다들 북방에 대한 경험 내지 경력이 눈에 띄는데, 최창의 사례를 보았을 때에도 최전선인 안북도호에서 근무하였던 것을 보면 다들 북방과의 모종의 연관성이 있었던 것으로 보인다.

제2차 거란-고려 전쟁 당시 군용사(軍容使)였던 최창은 중랑장 지채문(智蔡文)과 함께 거란군에게 항복하려는 서경을 지켜내는 공을 세우기도 했지만, 전쟁이 끝난 후 관리들의 감찰과 탄핵을 담당하는 어사대(御史臺) 소속의 시어사(侍御史, 종5품)로 임명되었다가 불과 4개월 후에 석연찮은 사유로 현종에 의해 유배당하고 만다. 다만 위종정은 더 이상의 정보가 없는데, 고려 사회에서도 드문 성씨이다 보니 989년에 12월에 송나라에 사신으로 갔던 병부낭중

---

42 영주(寧州, 지금의 평안남도 안주)에 설치

43 동시대에 서경에서도 장서기 최충(崔冲)이라는 인물이 등장하는데, 같은 직책인 것으로 보아 동일 인물이 이름을 달리하여 기록된 것일 수도 있고, 혹은 서로 다른 인물이긴 하나 같은 친족 관계였을 수도 있다.

44 내사문하성의 하급 관료(종7품)

위덕유(魏德柔)나 1010년 2월 거란에 사신으로 갔던 위수우(魏守愚) 등을 보면 대외관계와 관련하여 특화된 가문 출신일까 싶긴 하지만 구체적인 사실은 전해지지 않는다.

그리고 **강은(康隱)**은 성씨만 봐도 강조와 친인척 관계였을 것으로 보이나 다른 기록이 전무하여 더 이상 확인은 어렵다. 어쨌든 신천 강씨 가문이 북방과 관련된 집단이라는 점은 앞에서 이미 다루었다. **박승(朴昇)**도 정보가 부족한데, 거란군이 퇴각하고 나서 얼마 후 앞의 최창의 사례와 마찬가지로 현종이 그를 어사대 소속의 전중시어사(殿中侍御史, 정6품)로 임명하였다가 불과 3개월 후에 유배를 보냈다는 기록이 전부이다. 다만 그의 이름이 고려 사회에서 흔한 이름이기도 해서 확언하기는 어렵지만, 이보다 앞서 938년 당시 발해인 박승(朴昇)이 3,000여 호를 이끌고 고려로 망명해 온 적이 있는데, 그와 이름까지 같다 보니 혹 발해유민의 후예일 개연성도 없지는 않다는 점만 기록해 둔다.

끝으로, 제2차 거란-고려 전쟁에서 최고의 영웅으로 등장하는 **양규(楊規)**는 서북면 도순검사로, 즉 쿠데타 직후 강조의 후임으로 부임한 인물이었다. 그는 목종 당시 여러 차례 승진하여 형부낭중까지 올랐다. 전쟁이 발발하였을 때에는 최전선인 흥화진을 방어하는 역할을 맡았다. 그 기간 동안 양규는 고립무원의 전장 한복판을 목숨을 걸고 넘나들며 병력 지원도 못 받는 상태로 소수정예의 군사들과 함께 한 달 동안 큰 전투만 해도 일곱 번을 수행하며 고려인 포로 3만여 명을 되찾았고 또 사살한 적군과 노획한 군수물자는 셀

수 없이 많았다고 전해진다. 거란군이 압록강을 건너 퇴각하기 전 마지막 전투에서 마치 이순신이 그러하였듯 양규는 부지휘관이었던 귀주의 별장(別將) 김숙흥(金叔興)과 함께 마지막 발악을 하는 적군과 온종일 최후의 전투를 벌이며 병력과 병장기 모두 잃고 그들 역시 전사하고 만다. 참고로 이들의 근거지인 흥화진과 귀주 모두 서희의 강동6주에 해당한다.

여하튼 양규는 거란군이 강조의 공문을 위조하여 항복을 권하자 자신은 강조의 명을 받는 이가 아니라고 거절하였지만, 사실 탁사정처럼 강조의 후임으로 막강한 군사력을 휘하에 거느리게 되는 최전선 총책임자로 임명된 것을 보면 그의 마음을 얻은 인물이라는 사실은 틀림이 없다. 강조 자신이 서북면 도순검사로서 정변을 성사시킨 상황에서 똑같이 그만한 군사력을 동원할 수 있는 자리에 자신과 적대적인 인물을 임명할 리가 만무하기 때문이다. 아마도 양규가 거란군에 자신은 강조의 명을 받는 사람이 아니라고 한 것은 사실을 떠나서 적군의 심리전에 휘말려 들지 않겠다는 공개적인 선언이었다고 봄이 타당할 듯하다.

지금까지 보면 강조와 가까운 다수의 인물들이 모두 어떤 형태로든 북방과 연관이 있음을 알 수가 있다. 후방 출신임에도 전방에서 경력을 쌓은 하공진처럼 각자의 과정상에도 여러 가지 사유가 있겠지만 공통점은 북방 관련성이다. 잠재적국인 거란을 상대로 전쟁에 대비해야 했던 강조로서는 주변에 그에 대한 전문가 집단을 꾸린 것을 수도 있고, 혹은 그 전에 북방 전문가로서의 강조 주변에 이미 그 같은 인물들이 자연스럽게 포진하여 동질적인 집단을 형성한 것일 수도 있다. 그가 스스로 발해와의 친연성을 얼마나 인식하고 있었는지는 오늘날 우리가 가늠해 볼 수는 없으나, 최소한 선후의 차이만 있을 뿐이지 결과적으로 강조는 거란에 대한 적개심을 기반으로 그들을 철저히 연구하고 대비하였던 것만큼은 분명하다.

거란의 유목민들, Wikipedia

한마디로 강조는 이전의 다른 강씨들처럼 적국 거란에 대한 강경파였다. 강조의 정변을 구실로 거란의 성종이 1010년 11월 무려 40만의 대군을 이끌고 고려를 침공해 오자, 강조 역시 30만 대군 즉 광군사를 총동원하여 방어에 나섰다. 서북면에서 고려의 국경 방위를 책임졌던 인물답게 거란군에 대해 철저한 연구가 되어 있었던 그는 신무기인 검차(劍車)를 준비하여 기동력이 뛰어났던 거란군에게 대응하였다. 실제로 이 무기는 효과가 커서 수차례 당대 최강의 강력한 기병군단인 거란군의 맹공을 성공적으로 막아낼 수 있었다.

다만 그 자체로 전쟁기계와도 같았던 거란군 역시 자신들의 강점이 약점이 되어버린 상황 변화에 맞춰 어떻게든 대응에 나섰고, 결국 전략적 실책을 보인 고려의 본영을 쳐서 강조 및 수뇌부 일부까지 포로로 잡는 데 이르렀다.

거란의 성종이 자신의 앞에 끌려 나온 강조의 결박을 풀어주며 제안하였다.

"너는 내 신하가 되겠느냐?"

"나는 고려 사람인데 어찌 너의 신하가 되겠느냐!"

강조의 단호한 답변에 의아했던 성종이 재차 물었으나 대답은 그대로였다. 심지어 고문을 가해도 그의 대답은 한결같았다. 그래서 이번에는 같이 끌려온 고려 측 부사령관 이현운에게 묻자 그는 기다렸다는 듯이 답했다.

"제 두 눈은 이미 새로운 세상을 보았는데, 어찌 옛 고향이 생각이나 나겠습니까?"

이 말을 들은 강조가 불같이 화를 내며 이현운을 발로 걷어찼다.

"너도 고려 사람인데 어찌 이럴 수가 있느냐!"

그렇게 고려의 애국자 강조는 거란에게 결국 처형당하고 말았다.

어째서 그가 그토록 거란을 싫어하였는지는 알 수 없지만, 마치 왕건이 발해를 멸망시킨 무도한 거란을 탓하며 외교관계를 끊어버렸듯 그 역시 고려를 침공해 온 거란에 대해서는 결코 타협하지 않았다.

이는 또한 리틀 강조라고 할 수 있는 하공진도 마찬가지였다. 퇴각하는 거란군과 함께 요나라로 끌려간 그는 당장 고려로 귀국할 방법이 요원하자 일부러 거란 조정에 충성을 다해 근면 성실하게 일하는 모습을 보여주었다. 그러면서 한편으로 함께 끌려온 고영기와 더불어 본국으로 돌아갈 방법을 비밀리에 궁리하고 있었다. 하지만 현종이 고려 수도로 귀환하였다는 소식이 요나라에 전해지자 고영기는 더 멀리 중경(中京)으로, 하공진 또한 멀리 연경(燕京)으로 이동 배치되어 모두 양가의 딸과 혼인을 맺도록 배려 아닌 배려를 받았다. 둘 다 거란에서 그 재능을 적극적으로 활용하겠다는 심산이었다.

그러나 여전히 고려로의 귀국에 대한 꿈을 버리지 않은 하공진은 몰래 힘을 써서 좋은 말들을 여럿 사서는 동쪽으로 고려로 가는 길마다 놔두었는데, 누군가 그의 이상한 행동을 밀고하는 바람에 계획이 탄로가 나고 말았다. 성종이 그간 좋게 봐온 하공진에게 자초지종을 따져 묻자 그는 체념하고는 솔직하게 대답하였다.

"저는 고국을 배신할 수가 없습니다. 여기서의 죄는 마땅히 죽어서까지 받겠습니다만, 살아서 폐하를 모시는 일은 이제 하고 싶지 않습니다."

하지만 성종이 그를 아깝게 여겨 용서해 줄 테니 자신에게 충성을 바치라고 설득하였다. 그러나 끝내 하공진이 한사코 거부하자 결국 처형을 명하였다. 종전 후 1년도 채 지나지 않은 1011년 12월의 일이다.

5장

발해유민들의 운명

5장

발해유민들의 운명

공식적으로 기록에 남아 있는 발해의 멸망일은 926년 2월 19일이다. 마지막 왕 대인선의 항복 선언은 이보다 약간 앞서지만, 거란의 정복자 야율아보기가 최종적으로 발해라는 이름을 없앤 정확한 날짜가 바로 그때이기 때문이다.

조선의 실학자 류득공(柳得恭)이 역사상 최초로 발해의 독립된 역사서인 『발해고(渤海考)』를 집필하였을 때 처음에는 발해의 멸망일을 헷갈려 하였는데, 그것은 거란의 발해 원정 이후에도 지속적으로 각종 역사 기록상에 '발해'라는 이름이 등장하기 때문이었다. 야율아보기가 발해국 대신 동거란국(東丹國)이라고 명명한 다음 이들 역시 한동안 '발해'라는 이름을 가지고 외교활동을 전개하였고, 각지의 발해유민들 또한 '발해'라는 이름으로 반거란 독립 투쟁을 벌였기에 발해 멸망 이후에도 무려 수십 년 동안 마치 발해국이 여전히 존재하는 것 같은 착시효과가 나타났다.

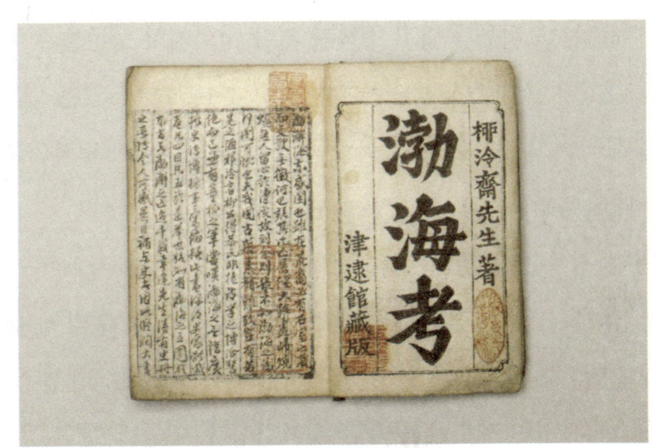

류득공의 『발해고』, 국립민속박물관

문제는 류득공도 안타까워하였던 것처럼 그 당시 발해 이후의 역사 기록을 누군가 종합하여 정리한 바가 없다 보니, 발해유민의 다양한 활동이 온갖 곳에 복잡다단하게 파편화된 정보로서만 남게 되었다는 것이다. 심지어 시점도 정확지 않은 경우가 태반이어서, 예컨대 대표적으로 대인선의 세자 대광현 같은 역사적으로 중요한 인물의 고려 망명에 대해서도 두 가지 설이 있는 상황이다.

어쨌거나 발해 멸망 후 유민들은 크게 세 갈래로 구분할 수 있다. 첫째는 거란에 흡수된 경우, 둘째는 발해의 영토에 남은 경우, 셋째는 고향을 떠나 이주한 경우이다.

차례대로 보자면, 첫 번째 경우는 마치 유대인들이 디아스포라 이후에 긴 세월 동안 타지에서 '유대인' 낙인을 달고 2등 국민처럼 살아야 했던 것처럼, 이들 발해유민들도 무려 2백 년을 줄곧

'발해인'이라는 꼬리표를 달고 정복자 거란 사회에서 생존을 위해 갖은 노력을 다해야 했다. 이들 중 일부는 앞서 거론한 바 있는 연파처럼 다시 '발해'라는 타이틀을 들고 독립을 위해 목숨을 걸고 역사의 전면에 나서는 때도 있었다.

두 번째 경우는 정안국이 대표적인데, 이들 역시 자체적인 역사 기록을 남기지 않아 산발적인 정보만으로 파악할 수밖에 없어서 안타깝지만, 여하튼 발해 멸망 직후 발해 고토의 일정 영역을 회복하여 독자적인 세력을 구축한 케이스이다. 이들 외에도 정식으로 이름을 남기지 못한 잔존 세력들에 대한 추정도 있으나 구체적인 확인은 어려운 상황이다. 참고로 현대와는 달리 어떤 특정 국가에 소속되지 않고 살아가는 사람들도 분명 많았을 것이다.

세 번째 경우가 가장 자료는 많다. 왜냐하면 일부 송나라로 망명을 떠난 경우를 제외하면 거의 대다수가 갓 건국되었지만 좀 더 안정적이었던 이웃 나라 고려로 피신을 왔기 때문이다. 기록을 모아보면 추정컨대 최소 10만 명 이상, 아마도 기록 외의 이주민들도 상당수 있을 테니 20만 명은 충분히 넘을 것으로 여겨진다.

순서상으로는 세 번째 경우가 멸망 직후에 몰려 있을 수밖에 없어서 초기 기록이 많으니 이를 우선 살펴보도록 하자.

> (925년 9월 6일) 발해의 장군 신덕(申德) 등 500인이 내투하였다.
> (925년 9월 10일) 발해 예부경(禮部卿) 대화균(大和鈞)과 균로(均老), 사정(司政) 대원균(大元均), 공부경(工部卿) 대복모(大福謩), 좌우위장군

(左右衛將軍) 대심리(大審理) 등이 백성 100호를 거느리고 귀부해 왔다. (중략) 이에 그 나라 사람들 중 다투어 오는 자들이 계속 이어졌다.[45]

(925년 12월 29일) 발해의 좌수위소장(左首衛小將) 모두간(冒豆干)과 검교개국남(檢校開國男) 박어(朴漁) 등이 백성 1,000호를 거느리고 귀부해 왔다.

(925년 12월) 거란이 발해를 멸망시켰다. 세자 대광현이 망명해 왔다.

(927년 3월 3일) 발해의 공부경(工部卿) 오흥(吳興) 등 50인과 승려 재웅(載雄) 등 60인이 내투하였다.

(928년 3월 2일) 발해인 김신(金神) 등 60호가 내투하였다.

(928년 7월 8일) 발해인 대유범(大儒範)이 백성을 거느리고 귀부해 왔다.

(928년 9월 25일) 발해인 은계종(隱繼宗) 등이 귀부해 왔다. 천덕전(天德殿)에서 왕을 알현하며 세 번 절을 하자 사람들은 예법에 어긋난다고 하였다. 대상 함홍(含弘)이 말하기를, "나라를 잃은 사람이 세 번 절하는 것은 옛날의 예법이다."라고 하였다.

(929년 6월 23일) 발해인 홍견(洪見) 등이 배 20척에 사람과 재물을 싣고 귀부해 왔다.

(929년 9월 10일) 발해인 정근(正近) 등 300여 인이 내투하였다.

(934년 7월) 수만의 무리를 거느리고 내투해 온 발해국의 세자 대광현에게 성명을 하사하여 왕계(王繼)라 하고 종실의 족보에 넣었다. 특별히 원보로 임명하여 배주를 지키면서 제사를 받들게 하였다. 그를 따르는 측근 인물에게는 관직을, 군사들에게는 토지와 집을 주었는데 차등이 있었다.

45 『고려사절요』에서는 이들이 총 수만 호(戶)였다고 함

발해 멸망 1년쯤 전에 고려 사회에서도 어느 정도 이웃 나라 발해의 위기를 감지하고 있었던 모양이다. 925년 3월에 발해인들이 고려로 망명해 올 것이라는 소문이 떠돌았다는 기록을 보면 말이다. 그 때문인지 몰라도 왕건이 3년 만에 서경을 전격 방문한 것도 그즈음이고, 북방의 국경지대 순시도 무려 5년 만에 이루어졌다.

그리고 실제로 925년 9월부터 연말까지 집중적으로 발해인들의 고려 망명이 이어졌다. 다만 여기서 기록을 조심히 읽어야 하는데, 실제로 발해 멸망은 926년 초이기 때문에 고려 측 기록인 『고려사』와 『고려사절요』에 나오는 925년 12월의 발해 멸망 기록은 분명 한 달 이상의 시점 차가 발생한다는 점이다.

이보다 한참 후인 1010년에 발생한 제2차 거란-고려 전쟁 당시 거란군에 의해 개경의 궁궐이 불타면서 고려의 초기 역사 기록들 또한 불타 없어지는 일이 발생한다. 그래서 현종의 명에 따라 1013년부터 황주량(黃周亮) 등이 태조부터 목종에 이르는 7대 실록을 새로 만들게 되었다. 문제는 이 과정에서 여러 사라진 자료들을 구전 등으로 보완하다 보니 아무래도 고려 개국 초기 기록들의 정확도가 많이 떨어졌다는 점인데, 대표적으로 발해의 멸망 후 유민들의 망명 기록들 자체도 시점이 부정확해진 것을 들 수 있다.

재미있게도 925년 연말까지 발해유민들의 망명 이후 갑자기 927년으로 한 해를 훅 뛰어넘어서 다시 망명 기사들이 등장하는데, 아무래도 926년의 기록을 제대로 메꾸지 못하고 925년으로 잘못 배치하였던 것으로 추정할 수밖에 없는 상황이다. 그렇다고 해서 발해 몰락 이전에도 어느 정도 위험을 감지하고 미리 피신을 떠난 이들도 있을 수 있기에 억지로 시점을 보정할 수도 없는 노릇이다. 따라서 대략 925년의 발해유민들의 기록은 926년 초의 것들일 확률이 높다고 인지하고 우선은 이야기를 계속 진행해 보겠다.

멸망 직전부터 혹은 직후에 대략 유민들의 망명 행렬이 길게 이어진 것은 기록을 통해 알 수가 있다. 이들 중에는 예부경, 공부경, 사정과 같은 장차관급 고위직 문관들도 있고(심지어 공부경의 경우 전임자와 후임자가 1년 반의 시차를 두고 둘 다 망명해 왔다), 각종 장군들 같은 무관들도 상당수를 차지한다. 특별한 직책이 없는 일반인이나 부유층 그리고 지방의 유력자 정도로 보이는 이들부터 승려에 이르기까지 사회적으로 다양한 계층들의 이주가 이어졌다.

발해 정효공주묘 인물도(정기환), 국립중앙박물관

이름이 밝혀진 이들 중에서는 가장 많은 성씨를 차지하는 것이 왕가인 대씨이다. 더욱이 국왕 대인선 다음 가는 존재인 세자 대광현의

고려 망명은 아무래도 임팩트 또한 클 수밖에 없었다. 그는 발해 멸망 직후에 고려로 피신을 왔는데, 약 8년 반 만인 934년 7월에 왕건의 전매특허였던 사성 정책에 따라 특별대우를 받아서 왕계라는 이름과 함께 왕가의 일원으로 받아들여졌다. 또 원보라는 관등(4품)과 새로이 관할 지역이 주어졌는데, 배주를 맡아 지키면서 조상들의 제사를 지내도록 조치가 이루어졌다. 왕세자답게 그가 이끌고 넘어온 무리의 수만 해도 수만 명이었다고 하니, 그들 중에는 문관 신하들도 있었을 테지만 동시에 병사들도 상당수 있었던 모양이다. 별도로 이들에게도 관직과 집과 토지가 배정되었다.

그런데 왜 굳이 배주였을까? 사실 여기에는 군사적인 목적이 컸던 것 같다. 934년보다 바로 2년 전에 후백제의 해군이 이곳 일대를 휩쓸면서 피해가 막심하였던 점과 함께 고려군의 대외원정 시 수도가 비게 되는 방어상의 문제를 해결하기 위한 일종의 고육지책은 아니었을까? 또한 배주는 918년에 텅 빈 평양을 채우기 위해 인구를 차출해 나간 곳이기도 했으니 그만큼 인구밀도가 낮았던 곳이기도 했고 말이다.

어쨌거나 대략 929년경에는 발해유민들의 1차 고려 망명이 마무리된다. 그리고는 오랜 세월 동안 발해에 대한 소식은 뜸해진다. 대규모로 발해인들의 고려 망명이 재개되는 것은 약 50년 후인 979년의 일이다.

(979년) 발해인 수만 명이 내투하였다. 청새진(淸塞鎭)[46]에 성을 쌓았다.

수만 명이면 발해 멸망 당시 세자 대광현이 이끌고 온 정도의 규모인데, 이 당시 발해유민들에게는 과연 어떤 일이 있었던 것일까? 더욱이 거의 동시에 고려에서 국경선 그것도 최전방에 급히 방어진을 구축한 것도 이 사건과 모종의 연관이 있어 보인다. 정확한 개국 시점은 알 수 없지만 이때의 발해인들은 발해의 후예 정안국(定安國)과 관련이 있지 않을까 싶다.

정안국에 대한 정보는 말 그대로 부분적으로밖에 남아 있지 않고, 그 명칭 또한 발해라고 호칭되기도 하고 나중에는 올야 등 여러 이칭으로도 불리다 보니 정확한 실체를 파악하기에는 한계가 있다. 다만 남겨진 정보들을 모아서 대략적인 형태를 복원해 본다면 다음과 같다.

우선 개략적인 배경부터 보자면, 거란은 발해의 옛 땅에 동거란국을 세웠다가 여러 지역의 발해 부흥 세력들의 거센 저항 및 피지배 발해인들에 대한 관리의 편의성 등 여러 가지 사유로 점차 거란 본토에 가깝도록 옛 발해 시절의 서쪽 지역으로 지배 대상을 옮기도록 하였다. 그렇게 자연스럽게 권력의 공백이 생겨난 옛 발해 영토에 발해 부흥 세력들이 여럿 등장하였던 모양인데, 오늘날 제대로 이름을 남긴 대표적인 세력은 바로 정안국 하나이다.

46 오늘날 압록강 중류에 위치한 북한 자강도에서 남부 지역

정보는 불확실하지만 935년 12월경에 후당에 사신으로 파견된 남해부(南海府)의 도독(都督) 열주도(列周道)와 정당성(政堂省)의 공부경(工部卿) 오제현(烏濟顯)은 다음 해 2월에 외교활동을 마치고 본국으로 돌아갔다. 이들이 혹 동거란국의 사신들이지 않았을까 의심할 수도 있겠으나, 이보다 조금 앞서 동거란국의 국왕 야율배(耶律倍, 900~936)가 거란을 배신하고 후당으로 망명을 갔었기 때문에, 굳이 동거란국에서 그 후당에 평화롭게 외교활동을 벌일 이유가 없었다는 점을 고려해 보아야 한다.

야율배의 사기도(射騎圖, Archer and Horse), 대만 국립고궁박물관

그리고 나중에 정안국을 순차적으로 지배하는 양대 성씨가 열(列)씨와 오(烏)씨이기 때문에, 이 기록은 자연히 정안국의 초기 기록으로 여겨진다. 또 954년 7월에는 정확한 사정은 알 수 없지만

발해에서 추장 최오사다(崔烏斯多, 혹은 오사라(烏思羅)) 등 30명이 후주(後周)로 망명한 기록이 있다. 이때까지만 해도 다른 국명을 사용하진 않은 듯하고 대외관계에 있어서는 스스로 발해라고 칭하였던 것으로 보인다.

확언할 수는 없지만 930년대에도 두 차례 발해인들의 고려 망명이 이루어진 적이 있는데, 이 기록은 시점상 정안국이 건국 초기에 내부적인 혼란을 수습하면서 안착되어 가는 과정 중에 발생한 이반 세력들이었을 수도 있겠다는 판단이다.

> (934년 12월) 발해의 진림(陳林) 등 160인이 귀부해 왔다.
> (938년) 발해인 박승(朴昇)이 3,000여 호를 거느리고 내투하였다.

그렇게 세월은 또 흘러서, 970년에 드디어 '정안국'이라는 이름으로의 공식적인 대외활동이 나타난다. 마치 발해도 건국 초기 임시적으로 '진국'이라고도 하였다가 외교를 위해서 '고구려'라고도 칭하였다가 내부적으로는 '홀한'이라는 발해어로 된 명칭을 썼다가, 나중에 '발해'라는 공식 명칭으로 통일되어 가는 과정과 마찬가지지 않았었을까 싶다.

어쨌든 이때의 정안국의 국왕은 열만화(烈萬華)라는 인물로 밝혀져 있다. 드문 성씨인 것으로 보아서는 앞서 남해부도독 열주도의 후예일 가능성이 높아 보이지만, 어쨌든 그 이전부터 열(烈)씨 왕조가 지속되었던 것인지, 또 그의 치세가 언제부터 언제까지였는지 등 모든 것은 베일에 가려져 있다.

그다음으로 정안국의 국왕으로 등장하는 인물은 성씨가 다른 오현명(烏玄明)이다. 아마도 원흥(元興)이라는 자체적인 연호를 도입한 976년 내지 그 이전에 정안국의 정권을 차지하였던 모양이다. 흥미로운 부분은 거의 동시대인 975년 7월에 발해인 연파가 황룡부에서 도감(都監) 장거(張琚)를 죽이고 반거란 봉기를 일으킨 것이었다. 다만 그의 봉기는 불과 2개월간 지속되었을 뿐 거란 정부 측의 토벌 작전에 밀려 결국 잔당을 이끌고 정안국의 올야성(兀惹城, Wùrě)으로 달아날 수밖에 없었다.

당시 발음에 따라서는 오사성(烏舍城, Wūshè)이라고도 불린 올야성은 오늘날 위치가 명확하진 않지만 흘승(紇升, Héshēng) 혹은 발해의 또 다른 이름이기도 했던 홀한(忽汗)과 발음이 유사하다는 점과 옛 발해 영토가 거란의 철수로 무주공산이었던 점을 참고해 본다면 옛 수도 혹은 그 인근을 본거지로 차지하고 있었던 것은 아니었을지 조심스럽게 추정해 볼 수 있겠다.

어쨌거나 정안국에 새롭게 합류한 연파는 거란의 황룡부, 곧 발해 시대의 부여부 출신이어서 그랬는지 정안국 내에서도 실질적으로 부여부라는 이름으로 망명 정부를 이끄는 수장이 되었다. 그는 왕이라고 일컬어질 정도로 정안국 내에서도 독자적으로 세력을 운영하였던 것 같다. 이들의 총규모는 알 수 없지만, 황룡부에서의 봉기가 실패하였을 때 잔당만 해도 1천여 호가 있었다고 하는 것을 보면 그리 작은 규모는 아니었던 것으로 쉽게 추정해 볼 수 있다. 정안국왕 오현명은 981년 10월에 송나라에 보낸 국서에서 최근 발생한 상황을 이렇게 정리한 바 있었다.

> 본래 고구려의 옛 땅인 발해의 유민으로 (중략) 얼마 전에 거란이 그 강포함을 믿고 강토를 침입하여 성채를 공격하여 부수고 백성들을 사로잡아 갔습니다. 제 돌아가신 할아버지가 지조와 절개를 지켜 항복하지 않고 백성들과 함께 다른 곳으로 피하여 겨우 백성을 보전하여 지금에 이르렀습니다. 그러나 또 부여부가 앞서 거란을 배반하고 아울러 우리에게 귀부하였으니… (후략)

스스로 고구려를 이은 발해의 후예로 선언을 하면서, 마치 아무 일도 없었다는 듯 정안국의 시작을 오씨 왕조가 이루어낸 것처럼 표현하였으며, 동시에 부여부를 정안국의 일부로 규정하고 있다. 대개는 권력 구도의 정리가 깔끔하게 이루어지지 못한 상황이 지속될 경우 권력다툼이 일어나기 십상이지만, 의외로 정안국과 부여부는 공생관계를 잘 유지해 나갔다.

어느덧 시간은 많이 흘러서, 989년과 991년에 태원(太元)이라는 이름의 정안국 왕자가 알 수 없는 어떤 사유로 국왕을 대신하여 정안국 대표로 송나라와 외교활동을 추진하였다. 발해도 그러하였듯이 보통 국왕 서거 시 차기 왕위계승자가 권지국사(權知國事) 또는 권지국무(權知國務)라는 국왕 대리의 명의로 외교를 하는 경우가 있는데, 단순히 왕자로만 표현되어 있는 것을 보면 쿠데타를 비롯해 내전 상황 등 모종의 복잡한 내부 사정이 있었지 않았을까 싶긴 하지만 자세한 내막은 알려져 있지 않다.

송나라와의 외교는 이때가 마지막이었고, 이 이후부터는 오로지 거란과의 외교기록만이 전해진다. 즉 직후인 992년부터는 외교무대에서 정안국이라는 이름은 보이지 않고 거란과의 관계 속에서 올야라는 이름으로만 등장하게 된다. 정안국의 전성기도 어느덧 저물어 가고 있었다.

995년 당시에는 왕자 태원 다음으로 오소도(烏昭度)가 정안국을 이끌고 있었다. 이때까지도 건재해 있던 연파와 함께 그는 철리말갈(鐵驪)을 공격하였다. 이에 거란에서는 이해 7월에 제대로 정안국을 손봐줄 때가 되었다고 판단한 듯 거란에 복속되어 있던 해(奚)족을 동원하여 원정군을 파병하였다.

해족의 왕 화삭노(和朔奴)를 중심으로 해족의 질랄부(迭剌部) 출신인 야율알납(耶律斡臘), 그리고 소손녕(蕭遜寧) 등이 원정군을 지휘하였다. 우리에게도 친숙한 이름인 소손녕은 이보다 2년 전인 993년에 벌어진 제1차 거란-고려 전쟁에서 거란군의 지휘관으로 등장했던 바로 그 인물이다. 사실 본명은 소항덕(蕭恆德)이지만 자(字)가 손녕이어서 흔히 그렇게 부른다.

이들 거란 원정군은 철리말갈에 머물면서 군용 말을 준비한 다음 몇 개월 만에 출진하여 올야성까지 진격했다. 오소도는 본격적으로 전투에 돌입하기 전인 10월경 미리 항복을 청해왔는데, 원정군 사령관 화삭노는 항복을 받아들일 경우 약탈을 할 수가 없기에 그냥 무시하고 공격을 통해 포로와 전리품을 얻겠다는 욕심을 부렸다.

거란군이 올야성을 사방으로 포위 공격하자 올야성 내에서도 이젠 항복을 통한 평화는 물 건너갔다고 보고 죽기 아니면 까무러치기의 심정으로 모두가 일치단결하여 방어전에 나섰다. 사기가 오른 오소도는 올야군을 이끌고 공성에 나선 적군을 상대로 살기등등하게 달려들었다. 한번은 올야군이 머리를 써서 성가퀴를 활용해 성벽 방어용 누각(戰棚)을 일부러 허술하게 만들어두고는 거란군을 유도하였다. 기회를 엿보던 거란군이 드디어 마구잡이로 기어오르자 기둥을 무너뜨려 기어오르던 병사들이 모조리 깔려 죽기도 했다.

무슨 짓을 해도 올야성을 함락시킬 수 없겠다는 판단이 든 화삭노는 심각하게 후퇴를 고민하지 않을 수 없었다. 이때 소손녕이 궁색하나마 나름 아이디어를 냈다.

"오랫동안 출정 나와 있으면서 아무런 공도 없이 돌아간다면 무엇으로 변명하시겠습니까? 오히려 적진 깊숙이 들어가 크게 약탈이라도 하고 돌아가는 게 그냥 빈손으로 돌아가는 것보다는 나을 것입니다."

"오히려 자칫 깊숙이 들어갔다가 잘못되면 얻는 것보다 잃는 것이 더 클 수도 있습니다."

동석해 있던 야율알납이 소손녕의 제안에 반대했지만 화삭노로서는 달리 방도가 없다고 생각했기에 받아들여지지 않았다. 거란 원정군은 올야성 공성전을 중단하고는 더 멀리 올야의 동남부 지역을 약탈하면서 휩쓸고 다녔다. 그렇게 남진하던 중 고려와의 북쪽 국경선까지 다다르자, 이제야 거란 본국으로의 회군을 시작하였다.

그런데 야율알납이 예견하였던 것처럼 너무 멀리 진군해 온 바람에 돌아가기까지 행군해야 할 거리가 지나치게 멀어졌고 당연히 보급도 끊겨서 병사와 군마를 많이 잃고 말았다. 가까스로 원정군은 귀환할 수는 있었으나, 996년 4월에 올야 원정의 실패의 책임을 물어 다들 강등되었고 다만 적절한 조언을 한 야율알납만 자리를 보전할 수 있었다.

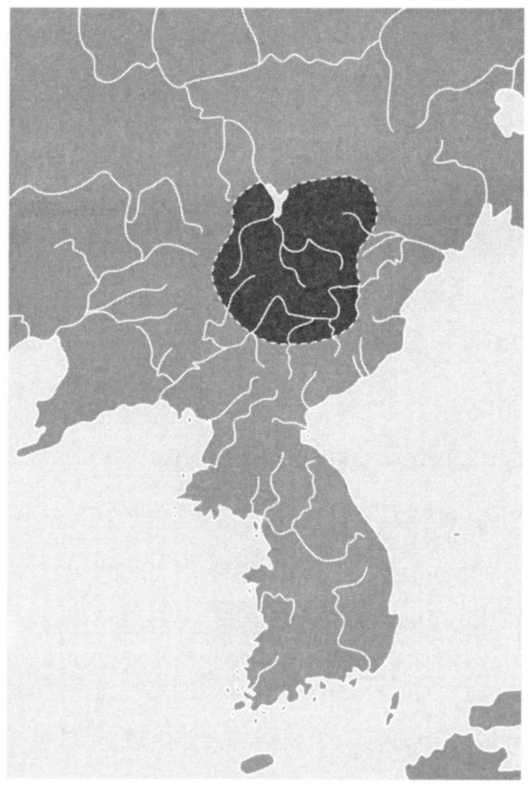

정안국, Wikipedia

이 과정을 통해 보면 정안국의 수도인 올야성은 거란의 동쪽, 고려의 서북쪽 어딘가에 위치하고 있었음을 알 수가 있다. 대략 올야의 영토도 고려의 북방 경계선에 거의 맞닿아 있었던 것으로 보인다. 오소도와 올야인들의 죽기를 각오한 거센 저항으로 겨우 거란군의 침공을 막아낼 수는 있었지만, 수도 올야성뿐만 아니라 그들이 퇴각 과정에서 올야 전역에 끼친 피해도 상당히 컸을 수밖에 없었다. 결국 그해 10월에 오소도는 사신을 보내 명목상의 항복을 청하였다. 아마도 국력 회복을 위해서라도 시간을 벌 필요가 있었을 것이다.

그러나 997년 1월 올야의 추장 무주(武周)가 거란에 항복하는 등 올야의 내부 상황은 상당히 심각했었던 것 같다. 실제로 3월에 오소도는 거란 측에 내부 사정을 들어 조공을 면제해 줄 것을 요청하였고, 일정 부분 수용이 되기도 하였다.

또 999년 6월에 올야에서 오소경(烏昭慶)이 거란을 직접 방문하였다가 돌아오는데, 전임자인 오소도와 이름이 비슷한 것으로 보아 형제 관계인 듯한 그가 오소도의 차기 계승자가 된 것으로 보인다. 구체적인 협상 내용은 알려져 있지 않지만 그다음 일어난 일을 보면 대략적인 상황은 짐작해 볼 수 있다. 이해에 거란에서는 올야의 국민들을 동경 요양성에서 동북쪽으로 약 240km, 그리고 황룡부(옛 부여부) 남쪽으로 약 40km 떨어진 옛 발해 땅인 빈주(賓州)로 옮기게 하고는 군사 업무도 황룡부의 지휘를 받도록 조치하였기 때문이다. 그만큼 올야의 국가적 통제력은 사실상

상실되어 가고 있었다.

이제 올야에게도 거의 마지막 순간이 다가오고 있었다. 이번에는 1004년 9월 오소경의 처자식이 여진에게 붙잡혀 거란으로 압송되는 사건이 발생한다. 최고 지도자의 가족조차 이 정도였다면 국가 자체는 이미 거의 힘이 다 빠진 상태였음을 말해주는 것 아니겠는가. 과거에는 올야의 단독 기사로 역사에 기록되었다면, 이 무렵의 올야의 기사들은 다른 부족들과 동급으로 취급되어 일개 부로서 기록되고 있다. 사실상 국가 규모가 무너지고 기껏해야 도시국가 수준으로 대폭 축소된 상황을 말해주는 것이다. 심지어 1012년의 기록에서는 철리말갈 일파가 무슨 일인지 올야의 백성 1백여 가구를 자기들 멋대로 거란의 빈주로 끌고 가는 모습까지 보인다. 거란 정부로부터 이들이 포상도 받았다는 사실로 미루어 짐작해 보면 아마도 임의로 이탈했던 올야 인구를 다시 붙잡아 온 것이 아니었을까 싶다.

그리고 마지막 정안국의 기사는 고려 측에 이렇게 남아 있다.

> (1018년 1월 2일) 정안국 사람 골수(骨須)가 도망쳐 왔다.

20여 년 동안 정안국이라는 나라의 명칭도 아니고 단지 올야라는 이름으로 불리던 최후의 순간에 마지막 유민이 원래의 나라 이름을 들어 고려로 투항해 온 것이다. 발해와 달리 정확한 멸망 시점은 특정할 수 없지만 이 무렵이 사실상 정안국이 최종 사라진 순간이라고 보아도 크게 틀리지 않을 듯하다. 다만 이후에도, 심지어 1백 년

후에도 올야라는 이름이 간혹 등장은 하지만 마치 발해유민들을 그냥 발해인이라고 통칭하였던 것처럼 유민으로서의 호칭만 살아남았던 것으로 보인다.

여기서 잠깐 12세기 중반에 쓰인 『송막기문(松漠紀聞)』이라는 금나라 당시의 기록을 보면 올야의 유민과 발해의 유민 두 집단이 동시에 나타나는데, 올야는 규모가 매우 작고 유래도 거의 사라진지 오래라고 전한다. 올야의 유민들 중에서는 이(李)씨가 많다고 하는데, 재밌는 것은 발해의 유민들 중에서 유력 가문 중 하나로 똑같이 이씨가 손꼽히고 있다는 점이다. 거칠게 말해서 올야유민은 독립적으로 반거란 활동을 펼친 발해인들인 정안국의 후예를 가리키고, 그냥 발해유민 하면 거란 사회 내에 흡수되어 존재했던 다수의 발해인들을 지칭하는 것으로 이해하면 대략 맞을 것이다. 그렇기에 후자는 차별은 받았을지언정 집단적으로 숙청은 당하지 않은 덕분에 한참 후까지도 일정 규모를 유지할 수 있었던 반면, 전자는 오랜 기간 항전을 거듭하면서 지속적으로 규모가 줄어들어 끝내 소규모만 남게 된 것으로 보인다.

그나저나, 왜 1018년에 갑자기 마지막 정안국 사람의 등장한 것일까? 흥미로운 기록이 하나 전해지는데, 이즈음 언젠가 거란의 성종이 친히 발해를 정벌하였다는 기사가 그것이다. 구체적인 정황도 함께 남아 있는데, 야율고욱(耶律古昱)이라는 인물이 황제의 발해 정벌 시 친위대인 황피실군(黃皮室軍)을 이끌고 적을 격파하는 공을 세웠다는 내용이다.

이때의 발해를 고려로 보기도 하지만 문제는 성종의 친정은 제2차 거란-고려 전쟁 한 번뿐이라는 점이다. 아마도 성종의 본기에서는 확인되지 않은 친정이라는 표현은 황제의 친위대의 활약을 성종의 그것으로 빗대어 표현하였던 것은 아닐까 싶다.

그렇다면 이때 발해라고 불린 존재가 무너진 시점은 1018년 이전의 언젠가의 일이었을 것이다. 그렇게 본다면 1018년 1월에 정안국의 골수가 고려로 망명을 온 것도 이해가 간다. 거란이 제3차 고려 침공 전에 올야, 곧 당시의 정안국의 잔여 세력을 이 무렵에 혁파한 것이 맞다면 말이다.

우연찮게도 고려 측 기록에 1016년부터 갑자기 거란에서 망명자들이 빈번하게 발생한다.

> (1016년 2월) 거란의 왕미(王美), 연상(延相) 등 7명이 도망쳐 왔다. 거란의 조은(曹恩)과 고홀(高忽) 등 6명이 내투하였다.
> (1016년 5월) 거란의 마아(馬兒), 보량(保良), 왕보(王保), 가신(可新) 등 13호(戶)가 내투하였다. 거란의 요두(要豆) 등 3명이 내투하였다.
> (1016년 6월) 거란의 지보(志甫) 등 3명이 내투하였다. 거란의 장렬(張烈), 공현(公現), 신두(申豆), 유아(猷兒), 왕충(王忠) 등 30호가 내투하였다.
> (1016년 7월) 거란의 유도(由道), 고종(高宗) 등 9명이 내투하였다.
> (1016년 8월) 거란의 주간(朱簡), 종도(從道) 등 8명이 내투하였다.
> (1016년 9월) 거란의 나간(羅墾) 등 5명이 내투하였다. 거란의 봉대(奉大), 고리(高里) 등 19명이 내투하였다.

(1016년 11월) 거란의 광예아(匡乂兒) 등 10명이 내투하였다.

(1016년 12월) 거란의 슬불달(瑟弗達) 등 6명이 내투하였다.

(1017년 7월) 거란의 광정(光正) 등 7호가 내투하였다. 거란의 매슬(買瑟), 다을(多乙), 정신(鄭新) 등 14명이 내투하였다.

(1017년 8월) 거란의 과허이(果許伊) 등 3호가 내투하였다. (동여진의 개다불(盖多弗) 등 4명이 내투하여 변방을 지켜 공을 세울 수 있게 해주기를 요청하자, 이를 허락하여 우대해서 예우하고 물품을 하사하였다. 흑수말갈의 아리불(阿離弗) 등 6명이 내투하니, 강남의 주현(州縣)에 나누어 거처시켰다.)

(1017년 9월) 거란의 군기(群其), 곤기(昆伎)와 여진의 고저(孤這) 등 10호가 내투하였다. 거란의 오두(烏豆) 등 8명이 내투하였다.

(1018년 1월) 정안국 사람 골수가 도망쳐 왔다.

(1018년 2월) 거란의 장정(張正) 등 4명이 내투하였다.

(1018년 3월) 거란의 송광습(宋匡襲), 이개(伊蓋) 등 10여 명이 내투하였다.

(1018년 4월) 서여진의 목사(木史)와 목개(木開) 등 2백 호가 내투하였다.

(1018년 5월) 거란의 사부(史夫)가 내투하였다.

(1018년 12월) 거란의 왕수(王遂)가 내투하였다.

마치 발해가 멸망한 직후에 망명객들이 몰려왔던 것과 거의 비슷한 일이 재현된 것이다. 1018년의 정안국 사람 골수는 평화로운 시기에 홀로 뜬금없이 망명을 떠나온 것이 아니라, 그 앞뒤로 거란인으로 표현된 수많은 망명객들 사이에 껴 있었던 한 명이었던 셈이다.

이들은 대부분 소속이 거란으로 되어 있으나, 이 당시 거란 내부적으로는 명군으로 칭송받는 성종의 치세였기 때문에 딱히 대규모 이탈을 유발할 만한 사회적 혼란이 있지도 않았다. 더욱이 이 무렵 거란 측에서 고려를 향한 크고 작은 공격이 거의 매해 반복되고 있었는데 굳이 거란 망명객들이 다시 붙잡히면 보복을 당할 게 너무도 뻔한 전쟁의 상대방 나라로 달아날 이유도 마땅치 않다.

그렇다면 유일한 추론은 거란 중앙정부의 공세에 따른 국경지방의 인접 부족 내지 거란 속국에서의 유이민 발생밖에는 없을 것이다. 이 경우만이 붙잡혀 죽느니 달아나는 게 그나마 나은 단 하나의 선택지일 테니 말이다. 그리고 거란과 고려 사이에 그만한 세력을 형성하고 있는 이들은 여러 부족으로 나뉘어 있던 여진족을 제외하면 정안국, 즉 올야만 있었을 뿐이다.

올야의 리더였던 오소경의 가족이 붙잡힌 것이 1004년의 일이었으니, 아마도 그 이후 쇠락을 거듭하다가 『요사』의 기록처럼 거란의 속국으로 전락한 상태로 겨우 버티던 중 1016년 초쯤에는 거란에 의해 실질적으로 국가로서의 실체는 마침내 붕괴를 겪은 것이 아닐까 싶다. 그렇기에 이들이 야율고욱의 발해, 곧 올야 토벌로 인해 급히 고려로 망명을 떠나야 했던 그 시점에는 공식적으로는 국적이 거란으로 분류가 되었던 것은 아니었을까.

그런데 사실 올야 토벌로 인해 어떤 유민들은 남쪽으로 고려로 망명을 떠나는 길을 선택했지만, 또 다른 어떤 이들은 동쪽으로 인근 여진족 사회 안으로 스며드는 길을 선택하였던 것이 확인된다.

대강예(大康乂): 발해 사람이다. (1012년~1020년 사이에) 여러 관직을 거쳐서 남부재상(南府宰相)이 되었고… (중략) 또 포로모타(蒲盧毛朵)에 발해 사람들이 많으니 그들을 취하자고 요청하자 조서를 내려 그 요청을 따랐다. 대강예는 군대를 거느리고 대석하(大石河)의 타준성(駝準城)에 이르러 수백 호(戶)를 빼앗아 돌아왔다.

이때의 일은 1026년 4월에 있었던 사건으로 보이는데, 동일한 일을 기록한 같은 책의 다른 부분에서는 이들을 여진족의 한 일파인 포로모타부(部)의 올야인들로 표기하고 있다. 즉 올야인들을 발해유민으로 명확히 인식하고 있었던 것이다.

시점을 생각해 보면 이때는 이미 올야 역시 혁파되어 올야의 유민들이 여진족의 영토로 피신해 있었던 상황을 말해준다. 즉 올야인들은 어떻게든 살아남기 위해서 고려와 여진 양쪽으로 자연스럽게 퍼져나갔던 것이리라.

지금까지 길게 발해의 후예인 정안국과 올야를 설명하였지만, 결론적으로는 발해 멸망 직후 대량의 유민들이 고려로 유입되어 왔고, 정안국 초기에 모종의 사건으로 인해 잔여 유민들의 고려 유입이 일어났다. 또 시간이 흘러 발해의 옛 부여부를 중심으로 한 연파의 거란 항쟁과 정안국 흡수 무렵인 979년에 수만 명이나 되는 대규모 유민들이 또다시 고려로 이주해 왔고, 끝으로 정안국은 쇠락의 과정을 거쳐 하나의 부족 규모인 올야로 축소되었다. 그리고 1016년경 이후 언젠가 독립된 세력으로서는 완전히 그 종말을 고한 것으로 정리해 볼 수 있을 것이다.

이들은 모두 발해라고 불렸다. 발해유민들이야 당연히 발해인이었고, 정안국 역시 외교관계에 있어 발해인을 자처하였다. 정안국에 합류한 연파 또한 발해인으로 불렸듯이 다들 마지막 순간까지도 발해라는 존재를 잊지 않았다. 그들의 끈질긴 생명력에는 솔직히 찬탄을 금할 수가 없다.

고려로 온 발해유민들

그렇다면 거의 100년 가까운 긴 세월 동안 적게 봐도 10만 이상, 아마도 20만은 족히 넘었을 고려로 이주해 온 발해유민들은 주로 어디에 거주하였을까? 세자 대광현의 수만 명은 배주라는 위치가 특정되어 있지만, 그 외의 인물들은 생각보다 기록이 많지가 않다. 다만 일부 추정해 볼 수 있는 거란 측의 기록이 있다.

> 영주(寧州): (1011년) 고려를 정벌하고 발해의 항복한 민호로 설치하였다.
> 귀주(歸州): (1011년) 고려를 정벌하고 포로가 된 발해의 민호로 다시 설치하였다.

보다시피 제2차 거란-고려 전쟁 당시 거란군은 고려의 북방 국경선 일대를 휩쓸면서 동시에 그곳의 주민들을 포로로 끌고 본국으로 돌아간 바 있었다. 이런 지역은 이 외에도 더 많았다.

(1010년 11월) 동주(銅州), 곽주(霍州), 귀주(貴州), 영주가 모두 항복하였다.

이곳들 중 일부에는 고려인들뿐만 아니라 대규모로 발해유민들이 배치되어 있었음이 분명해진다. 단순히 주민으로 거주하는 경우도 당연히 있었겠지만, 아래 기록을 보면 방위군으로 배치되어 있었을 가능성을 배제할 수 없기 때문이다.

(1010년 12월) 거란의 병사들이 곽주(郭州)[47]를 침입하였다. (중략) 대장군 대회덕, 신영한 등 모두 전사하였다.

대회덕(大懷德)은 그 이름만 보아도 발해유민임이 명확한 인물인데, 발해 출신 장군으로 혼자서만 곽주에 주둔하고 있었을 리 만무하니 분명 대장군이었던 그의 휘하에는 발해유민들로 구성된 꽤 규모가 큰 부대가 배속되어 있었을 게 확실하다.

정보는 부족하지만 여기서 같이 등장하는 신영한(申寧漢)은 강조의 본진이 무너졌을 때 승세를 타고 거란군이 돌진해 오자 완항령(緩項嶺)[48]에서 매복 공격을 통해 결사적으로 진군을 막아낸 인물이다. 추정컨대 발해인 대도수 곁의 유방, 발해인 유충정 옆의 유행간처럼, 발해인 대회덕 곁에도 마치 파트너처럼 고려인 신영한이

47 평안북도 정주군

48 압록강 중하류의 강남산맥(江南山脈) 서남단에 위치

동반 근무하고 있었던 것은 아니었나 싶다.

정리하자면, 이처럼 고려 측에서는 최소한 제2차 거란-고려 전쟁 전에 이미 발해유민들로 구성된 마을과 부대가 최전선에 가깝게 배치되어 있었던 게 확인이 되고, 또 전쟁 후 거란 측에서는 고려의 북방 국경지대에서 생포해 온 발해유민들을 자신들의 영토 내에 재배치하였던 것이다. 전체적인 규모는 알 수 없지만, 이로 미루어 보면 고려는 발해유민들을 거란에 대한 방어를 위해 전략적으로 투입하고 있었음은 최소한 알 수가 있다.

물론 그들 모두가 일방적으로 최전선에만 배치된 것은 아니었다. 대광현의 배주가 유검필의 평주와 거의 맞닿아 있는 것을 보면, 아무래도 수도 개경에 가까운 지역이다 보니 고려 왕실에서는 방어뿐만이 아니라 감시의 역할도 있었지 않았을까 하는 짐작이 자연히 들게 된다. 예컨대 앞서 언급했던 것처럼 유검필의 후손들이 발해유민들과 파트너 관계로 지속적으로 등장하는 것도 관련이 있을 수 있는 일이다.

대규모의 집단 거주는 그렇다 치고, 발해유민들 각자는 그럼 어떻게 고려 사회에 적응하였을까? 안타깝게도 기록의 유실로 망명자들을 일일이 추적하는 것은 불가능에 가깝다. 다만 대표적으로 고려 사회에서 이름을 남긴 세 명의 행적을 따라가 보는 것으로 아주 약간은 추정해 볼 수 있지 않을까 한다.

먼저 **무신 대도수**를 보자. (참고로 『발해고』에서는 그를 발해의 마지막 세자였던 대광현의 아들로 기록하고 있지만, 그의 나이를 추정해 보면 이는 그다지 현실성이 없어 보인다.)

> (993년 10월) 소손녕은 … 안융진(安戎鎭)[49]을 공격하였다. 중랑장 대도수와 낭장 유방이 맞서 싸워서 이겼다. 소손녕이 더 이상 전진하지 못하고 사신을 파견해 항복할 것만 재촉하였다.
> (1010년 12월) 탁사정이 장군 대도수를 속여서 … 대도수는 (서경성의) 대동문으로 나와서야 비로소 자신이 속은 것을 깨달았고, 전력을 다해도 이길 수 없다는 사실에 결국 부대를 이끌고 거란에 항복하였다.
> 『요사(遼史)』: 고려의 예부낭중 발해타실(渤海陀失)이 항복해 왔다.

정리해 보면 그는 바로 앞의 대회덕과 마찬가지로 오늘날 평양이 있는 평안도 일대, 즉 고려의 최전방에서 오랫동안 장수로 근무하였는데, 당연히 발해인은 그 혼자만이 아니었을 것이다. 그의 휘하에는 발해유민들도 군사로서 참전하고 있었을 게 분명하다. 대씨인 것만 보아도 당연히 그가 발해 출신임을 알 수가 있지만, 거란 측 기록에서도 그를 당시 발음으로 '발해인 퉈슈(陀失, Tuóshī)', 즉 '도수(道秀)'라고 부르고 있는 것을 보면 대도수 스스로가 거란군에 항복할 때 자기 자신을 '발해인'이라고 규정지었음을 자연스럽게 유추해 볼 수 있다.

여기서 발해 출신 장수의 주변에는 언제나 고려인 장수가 함께하고 있음을 유념해야 한다는 점은 앞서 언급한 바가 있다. 아마도 위험한

49 평안남도 안주시 일대(청천강 이남)로 추정

무기인 병권을 내주는 만큼 그에 대한 견제 역시 필요하다는 고려 정권의 자체 판단에 따른 것으로 여겨지기 때문이다.

다음으로는 대도수와 동시대인이긴 하나 약간 후대에 속하는 **문신 유충정**을 살펴보자.

> (1009년 1월) 왕의 총애를 받던 신하인 지은대사(知銀臺事) 좌사낭중 유충정, 합문사인 유행간이 같이 숙직… 유행간은 외모가 뛰어나서 왕이 남달리 아끼고 사랑하여 총애하였으며, … 유충정은 본래 발해 사람으로 재주와 능력이 없는데도 또한 왕으로부터 깊은 총애를 받았다.
>
> (1030년 7월) 흥요국의 행영도부서(行營都部署) 유충정이 영주자사 대경한에게 국서를 가지고 와서 원군을 요청하도록 하였다.

유충정이 역사 기록에 등장하는 1009년 1월 당시의 국왕은 980년생으로 이제 막 서른 살이 된 목종이었다. 그의 곁에는 유충정과 유행간이 함께 등장하는데, 앞서 한번 언급한 바 있듯이 유행간은 바로 후삼국시대의 영웅 유검필의 자손이다. 잘생겨서 목종에게 큰 사랑을 받았다는 것을 보면 유행간은 잘해야 목종과 동갑이었거나 아마도 20대의 젊은 나이였던 듯하고, 똑같은 오해를 받은 유충정도 그 정도 나이대였던 것으로 보인다.

그렇다면 발해인 유충정은 발해유민 중에서도 2세대 이상 고려에 정착한 집단 출신일 수밖에 없다. 가정해서 926년 발해 멸망 직후에 이주해 온 이들의 후예라고 했을 때 그로부터 80년은 족히 지났음에도 여전히 고려 사회에서 이들은 '발해인'이라고 구분

지어졌던 것일까? 하지만 곰곰이 다시 생각해 보면 만일 발해유민이 차별을 받는 집단이었다면 그가 국왕의 비서실 같은 조직인 은대(銀臺)라는 핵심기관에서 근무하지는 못했을 가능성이 높다. 오히려 이 당시 목종은 서경 중심 정책을 추진하던 중이었기에 북방 대응을 위해 발해계 인물들의 등용이 더욱 필요했던 것으로 해석해볼 수가 있다.

그럼 그는 고려로의 마지막 대규모 망명이 이루어졌던 979년, 곧 황룡부 연파의 봉기와 그 여파로 정안국 내에서도 극심한 혼란이 일었던 그 시기에 고려로 망명해 온 집단에서 갓 태어났거나 아주 어려서 이주해 온 세대가 아니었을까? 이게 맞다면 그나마 고려 사회 내에서 '발해인'이라고 불렸다는 게 덜 어색하긴 할 것이다.

어쨌거나 그는 유행간과는 파벌이 달랐던 듯 목종의 차기 권력에 대해 서로 다른 노선을 보였다. 유행간이 목종의 어머니인 천추태후(千秋太后)파였다면, 그는 목종의 사촌 동생인 현종 곧 왕순파였다. 참고로 천추태후의 내연남이었던 김치양(金致陽)이 합문통사사인(閤門通事舍人)을 거쳐 권력의 핵심으로 성장하였던 것을 보면, 유행간 역시 합문사인이었으니 자연스럽게 같은 라인을 형성하고 있었음을 유추해 볼 수 있을 것이다. 그래서 얼마 후 강조가 정변을 통해 권력을 장악한 다음 왕순을 차기 국왕으로 옹립하였을 때 유행간은 김치양과 함께 처단당하고 만다.

그러나 정치적 노선을 달리하였던 유충정은 정변의 혼란의 와중에도 살아남았다. 상서도성 내에서 좌사낭중(정5품)이었던 그는 같은 상서도성 내의 2인자였던 우복야(정2품) 김치양의 동향을 파악하는 건 어려운 일이 아니었을 것이다. 특히나 김치양이 천추태후의 권력을 등에 업고 정부 내에서 자기 세력을 확대하기 위해 여기저기 들쑤시고 다닌 덕분에 유충정은 확실한 증거를 들고 목종에게 사전에 쿠데타 움직임을 보고할 수가 있었다.

동시에 은대 소속이었던 그가 왕순 옹립을 위해 목종 병환 당시 마찬가지로 은대에서 숙직하였던 중추원사(中樞院使) 최항과 중추원부사 채충순 등과 힘을 합치고자 하였던 것은 자연스러운 일이었을 듯하다. 얼마 후 강조가 은대와 중추원을 합쳐 중대성을 설치하게 되는데, 바로 그 두 조직 소속으로 그들은 같이 근무하기도 한다.

재밌는 것은 정보보안을 위해 유충정과 최항, 채충순이 직접 컨택하지는 않고 중간에 어사대(御史臺) 소속의 감찰어사(監察御史) 고영기(高英起)라는 인물을 매개체로 서로 의견을 교환하였다는 점인데, 그가 유충정의 휘하로 나오는 데다가 고(高)씨인 것을 보면 그 또한 발해유민 출신이기에 자연스럽게 유충정과 한 팀으로 움직였던 것은 아니었을까? 참고로 고영기는 앞서 언급하였던 것처럼 하공진과 함께 자기희생을 통해 거란 침략군을 외교적으로 물러나도록 하는 데 공을 세우는 충정심 강한 인물이기도 하다.

어쨌거나 강조의 정변 이후에 유충정에 대한 정보는 사라진다. 그렇게 훌쩍 21년이 더 지나서, 거란에서 발해인들이 집단 봉기하였을 때 고려에 도움을 요청하면서 다시 그의 이름이 등장한다. 그가 파견한 인물이 영주(寧州)의 행정책임자인 영주자사였는데, 바로 거란에서 제2차 거란-고려 전쟁 당시 발해인들을 대규모로 포로로 끌고 갔던 바로 그곳이다. 아마도 강조의 정변으로 자신이 몸담았던 목종 정권이 붕괴되자 고려의 중앙정부에서의 관료로서의 경력을 마감하고 발해유민의 후예라는 자신의 정체성대로 고향민들이 모여 살던 곳으로 돌아갔던 것은 아니었을까?

하지만 이 두 명 외에 사실 가장 궁금증을 자아내는 인물은 발해 왕족인 **세자 대광현**이 아닐까 싶다. 수만 명이나 거느리고 있었고, 배주라는 정착지도 알려져 있으며, 심지어 태조 왕건에 의해 왕계라는 이름으로 고려 왕실의 일원으로 받아들여질 만큼 사회적 위상과 비중이 높았던 그였음에도, 그 이후의 동향은 전혀 알려져 있지 않기 때문이다. 역사 기록만으로는 어쨌든 더 이상 정보를 찾을 수 없다면, 아예 접근방식을 달리해 보는 수밖에 없을 것이다.

여기서 한번 현지의 유적 자료를 살펴보자.

『발해유적총람 Ⅲ: 북한지역』

- 고읍성: 평안남도 녕원군 룡성리 1작업반에 위치한다. 유적은 영원읍에서 서쪽으로 대동강을 따라 약 6km 되는 거리에 있다. 이 성은 '발해성'이라고 불린다. 성벽은 토석혼축으로 쌓았으며, 성벽의 둘레길이는 2.2km이다. 성벽의 너비는 기저부분은 2.5m, 윗부분은 2m이다. 성벽을 지형에 따라 축조한 전형적인 고로봉식 산성이다. 동서남쪽 모두 4개의 문지가 있다. 북쪽은 대동강이 동서로 흐르면서 자연해자를 이룬다. 성내에 객사터가 있고, 동쪽 산 능선 아래에는

180여 개의 초석이 드러난 '왕궁터'가 있다. (중략) 성 내에 7개의 우물이 있다. 성에서 서북쪽 약 900m 거리에는 절터가 있는데 초석이 15개 남아 있다. 동문지와 약 100m 떨어진 곳에는 기와가마터가 있다. 또 성 서쪽 1km 거리에는 죄인을 가둔 옥터가 있다. 고읍성은 현지에서 발해성으로 불리는 산성이다.

– 양마성: 평안남도 녕원군 마산리의 마산리관리위원회에서 서쪽으로 150m 거리의 남천강 가까이에 위치한다. 평면은 원형이며, 성벽은 부정형의 막돌로 쌓았다. 성의 둘레길이는 약 100m이고, 성벽의 평균 높이는 3m 정도, 성벽의 너비는 기저부분은 2.5m, 윗부분은 2m이며, 성의 면적은 400㎡이다. 북쪽에 문지가 있다. 성 부근에서 말굴레, 말안장, 말편자 등의 마구류와 금속제 활촉 등이 발견되었다. (중략) 이 성이 발해임금이 룡성리에 성을 쌓고 살 때에 그가 사용하던 군마들을 사양 관리하였던 말 방목지였다고 말하는 '녕원군지'와 이곳의 노인들은 의견을 전하면서, 마산리(馬山里)라는 지명도 발해 때 이 일대에서 말을 많이 길렀기 때문에 유래한 것으로 파악하였다. 하지만 양마성에서 서북쪽 14km 거리의 룡성리에 있는 '발해성(일명 고읍성)'에서 발해임금이 살았다는 '녕원군지'의 내용과 관련하여서는 이 일대에 도읍을 정한 적이 없기 때문에 발해임금과는 관련이 없음을 지적하였다. 그런에 이 내용만을 가지고는 이 소형의 성이 정말로 발해시기의 성인지 판단하기 힘들다고 생각된다. 다만 '녕원군지'에 발해와 관련된 유적이 언급되었다는 사실은 이 일대에 발해 유적이 분포할 가능성을 보여준다고 생각된다.

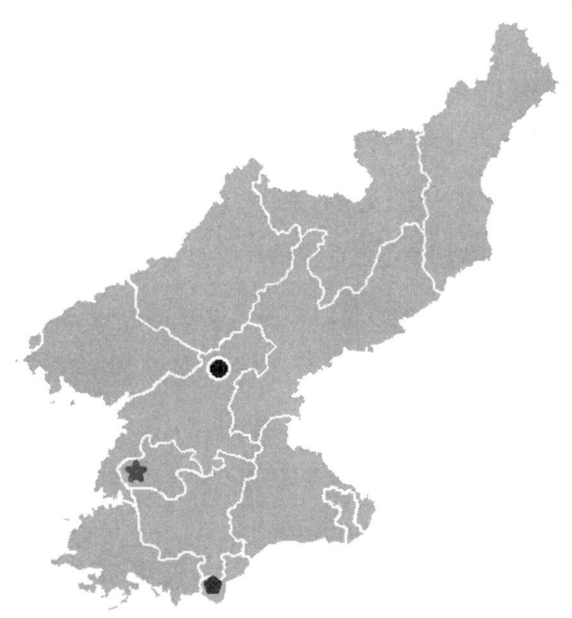

발해성이 있던 평안남도 녕원군(가장 북쪽 표시)
아래는 순서대로 서경(평양)과 개경(개성)

북한의 승성호는 『조선고고연구』(1998)의 「발해초기의 성과 무덤에 대하여」에서 평안남도 지역의 발해성에 대한 기록을 전하고 있다. 그는 『신증동국여지승람』에도 나오는 고읍성[50]을 발해의 초기 성으로 판단하였는데, 그가 『녕원군지』 및 지역에서 전해오는 유래를 통해 발해왕이 이곳에 머물렀고 왕궁터도 있었다는 정보를 전하면서도, 발해의 역대 국왕이 여기에 머물렀을 가능성은 없다고

50 영원군(寧遠郡) 고읍성(古邑城): 군 남쪽 90리에 있다. 토축(土築)으로, 둘레는 7천 2백 70척이고, 안에는 5개의 샘이 있다. (『신증동국여지승람』)

지적하였다.

당연히 그 의견에 대부분 동의는 하면서도, 동시에 그런 전승이 전해지는 대에는 무언가 사정이 있지 않을까 하는 생각이 자연스럽게 든다. 아직 근거가 있는 가정은 아니지만 한 가지 가설로 이렇게 보는 것은 어떨까. 얼마간의 시간차를 두고 발해유민 중 왕족이 바로 이곳 발해의 옛 성에 머물렀을 가능성 말이다. 만에 하나 이 가설을 따른다면 그에 해당되는 발해 왕족 중 한 명은 바로 대광현이거나 혹은 그의 후손이 될 수도 있지 않을까.

그는 처음엔 태조 왕건의 배려로 개경 서쪽의 배주에 터를 마련하였는데, 이후의 행방이 묘연하다는 것이 그간의 미스터리였다. 아마도 그 이후 언젠가 고려의 점진적 북진정책에 따라 그의 세력들과 함께 최전선으로 전진배치되었던 것은 아니었을까 짐작해 볼 수 있겠다.

발해의 옛 성들은 이 외에도 여럿 존재하였던 모양인데, 예컨대 11세기까지도 고려의 북방 영토에는 그런 터들이 남아 있었던 것 같다.

> (1029년 8월) 동여진의 대상 쾌발(噲拔)이 그 족속 300호를 거느리고 내투하니, 발해의 옛 성이 있던 땅을 하사하여 그곳에서 살게 하였다.

이 이상 더는 알기 어렵지만, 높은 가능성으로 발해의 유민들은 고려의 북방 영토에 터를 잡고 정착을 하였고, 오랜 숙적인 거란에 적대적일 수밖에 없었던 그들과 거란을 적극적으로 견제해야 하는 고려 정부는 서로의 필요에 의해 공존하는 방법을 찾았을 것으로 보인다. 그렇게 잠재적국인 거란을 상대로 고려의 국방을 책임지다가 전쟁 도중 끌려가기도 한 것이 전방의 발해유민 집단이었던 것은 아니었을까.

추정해 본다면 대광현, 즉 왕계로 대변되는 발해유민들은 일리천 전투와 같은 대규모 병력동원이 필요할 때에는 군사로서 투입이 되고, 방어가 필요할 때에는 인근의 정착지가 제공되었으며, 후삼국 통일 이후 대거란 방비가 중요해진 시점에는 전방으로 전진배치되는 그런 운명을 겪었던 것은 아니었나 하는 짐작이다.

여기서 잠깐 발해유민과 비슷한 행적을 걸었던 과거 사례 한 가지를 살펴보자. 삼국시대 말미에 신라가 삼한통일을 한 후 필요에 의해 고구려 유민들을 모아 위성국을 세우고 일종의 반 자치권을 부여하였던 보덕국(報德國)이 이들과 유사한 케이스일 것이다. 신라는 대당 전쟁의 와중에 고구려의 후예들을 군사적으로 활용할 필요성이 있는 상황에서 당시 금마저(金馬渚) 땅에 보덕왕의 외손이자 연개소문의 동생 연정토의 아들인 안승(安勝)을 머물게 하고는 왕가와 혼인을 맺게 하는 등 각종 우대정책을 제공했다. 그러나 전쟁이 종식되고 그 필요성이 점차 사라지자 결국 안승을 보덕왕에서 물러나게 하고는 김씨 성을 내려주고 왕경에서 살도록 하는 조치를 취했다. 그리고 보덕국의 잔존 세력은 석연찮은 사유로 불과 1년 후에 몰살당하는 운명에 처하게 된다.

이런 사례를 참고해 본다면 전쟁의 와중에는 마찬가지로 우대를 받다가 결국 왕실로 흡수되는 과정을 겪은 대광현도 가히 다를까 싶기도 하다. 심지어 같은 가족끼리도 다툼과 배신이 없을 수가 없는데, 실리라는 현실 앞에서 고작 같은 민족이라는 정성적인 명분이 과연 그렇게 유효하게 작동하였을까 의문이 들기 때문이다.

그런데 이를 실제로 알아볼 수 있는 사례가 곧 발생한다. 1029년 발해유민들이 주축이 되어 건국한 흥요국이 바로 그것이다.

대연림과 흥요국

1029년 9월 3일, 고려 조정에 낯선 사신이 방문하였다. 스스로 대부승(大府丞) 고길덕(高吉德)이라고 밝힌 그는 놀라운 소식을 가져왔다. 당시 고려의 북쪽에는 거란인들의 나라인 강대국 요나라가 자리하고 있었는데, 그는 자신을 또 다른 국가명인 흥요국(興遼國)에서 왔다고 소개하였다. 그러면서 흥요국은 정확히 한 달 전인 8월 3일에 발해의 시조 대조영의 직계 후손이라고 주장하는 황제 대연림(大延琳)이 거란의 동경(東京, 오늘날 랴오닝성 랴오양)을 기반으로 새로 건국한 나라라는 설명을 덧붙였다. 그가 찾아온 이유는 개국을 알리는 것과 동시에 고려 측의 지원을 요청하기 위함이었다.

그가 불과 한 달 만에 고려에 도착한 것을 보면 거의 개국과 동시에 사신으로 파견한 것으로 보인다. 아마도 거병을 계획하던 단계에서 이미 인접국인 고려라는 존재를 계산에 넣고 일을 추진하였던 것이 아닌가 자연스럽게 짐작된다. 참고로 공식 국명은 흥요국이었지만 대연림은 별도로 발해왕이라고도 자칭하였다고 한다. 그가 스스로 발해의 후예임을 자각하고 있었다는 증거이다. 그렇다면 혹 발해와 고려의 전통적인 특수관계를 염두에 둔 것은 아니었을까.

원래 동경은 발해의 옛 영토였기에 발해유민들이 많이 거주하는 지역이었다. 거란의 태조 야율아보기가 이 지역을 획득하였을 때 이곳 주민들에게 특별히 세금 우대를 적용해 주었는데 그 정책은 이 무렵까지도 지속되어 왔다. 하지만 근래 들어 그것도 유명무실해지고 높은 세율이 적용되는 바람에 발해유민들의 고통이 가중되어 있던 상황이었다. 게다가 인근의 연(燕) 지역에 여러 해 동안 크게 기근이 들자 이곳 주민들을 차출해 수송선을 만들어 양식을 나르는 일을 강제로 시키는 바람에 이것이 불만 가득했던 민심에 분노의 불을 지피고 말았다.

이 당시 대연림은 거란의 동경에서 사리군(舍利軍)의 상온(詳穩), 즉 장군으로 근무하고 있었는데, 이러한 지역 민심을 정확히 캐치한 그는 주민들을 모아 거병에 나섰다. 동경의 부유수 왕도평(王道平)은 그의 제안을 듣고는 밤에 몰래 도망쳐 버렸으나, 대연림은 그 외에 동경유수였던 황제의 사위 소효선(蕭孝先)과 그의 아내 남양공주(南陽公主)를 포로로 붙잡아 두고는 호부(戶部)의 장관 한소훈(韓紹勳)과 호부의 차관 왕가(王嘉), 그리고 사첩군(四捷軍)의 지휘관 소파득(蕭頗得) 등을 처형시켰다. 특히 이 중에서 왕가는 수송선

작업을 기획해 지역민들을 괴롭힌 당사자였다.

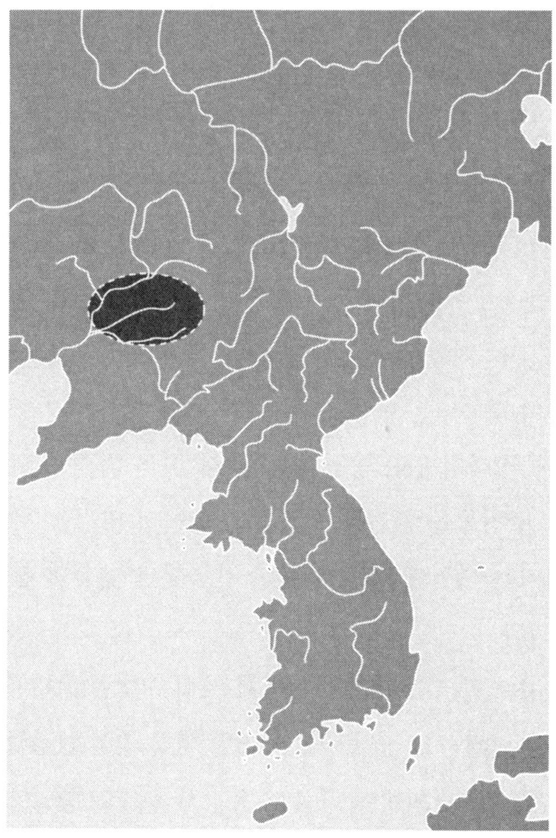

흥요국, Wikipedia

고려 내에서도 대연림의 공식 제안을 심도 있게 검토하였다. 당시 국왕이었던 현종에게는 두 가지 길이 놓여 있었다. 하나는 적극적 개입이고, 또 다른 하나는 보수적 방관이었다. 전자는 대표적으로 곽원(郭元, ?~1029)이 주장한 것이었고, 후자는 최사위(崔士威, 961~1041), 서눌(徐訥, ?~1042), 김맹(金猛, ?~1030) 등 고위급 관료 다수가 지지하는 노선이었다.

"지금 이 기회를 이용하면 압록강 동쪽의 거란 측 요새(保障)를 충분히 차지할 수 있습니다."

이처럼 곽원이 하도 강하게 밀어붙이자 현종도 결국 설득되었다. 다만 그 와중에도 외교문제로의 비화를 조금이라도 막아보겠다는 심산으로 전면전으로의 확전이 되지 않는 수준에서 소규모로 접근해 보자고 결정되었던 모양이다.

그렇게 고려군은 거란의 최전방인 보주(保州)를 공격하였으나 결론적으로는 어설프게 실패로 끝나고 말았다. 아무리 상대방의 국내 상황이 어지러운 처지라 하더라도, 고려군 역시 정부의 전폭적인 지원을 받지는 못하였기에 최전선에서 삼엄한 경비가 이루어지고 있던 곳이 그렇게 쉽게 함락될 리 만무했다.

자신이 고집부려 추진된 공격이 이처럼 어이없게 무위로 돌아가자 곽원은 얼마 후인 11월 14일에 세상을 떠나고 만다. 자신이 틀렸다는 게 증명되는 바람에 크게 체면을 구겨서였는지, 혹은 좋은 기회였는데도 자기 뜻대로 일이 제대로 진행되지 못한 것에 대한 울분에서였는지는 알 수가 없다.

여하튼, 이때의 요나라 황제는 성종(聖宗, 재위 982~1031) 야율융서(耶律隆緖, 972~1031)였는데, 다름 아닌 고려를 세 차례나 대규모로 침공하였던 바로 그 인물이다. 그는 요나라 제2의 도시였던 동경의 중요성도 잘 알고 있었고, 발해인들의 저력도 너무도 잘 알았기에 곧바로 대처에 나섰다. 전국적으로 토벌군을 소집하는 동시에 동경에서 가까운 곳에 있던 국구상온(國舅詳穩) 소필적(蕭匹敵), 곧 소손녕의 아들인 그에게 우선 대응을 명하였다. 이에 소필적은 급하게 사병까지 동원하여 요해처를 점거하여 대연림의 흥요국군이 서쪽으로 건너가려던 계획을 저지하였다.

물론 대연림도 가만히 당하고만 있지는 않았다. 이미 각지의 여진족들까지 합세하면서 세력을 키운 그는 동시다발적으로 요나라 도처에 흥요국으로의 합류를 적극 설득하고 있었다. 그중에는 옛 발해의 부여부였던 지금의 황룡부와 고려와의 국경선인 보주도 포함되어 있었다. 그러나 황룡부의 황편(黃翩)은 호응 없이 요나라 본국에 그대로 남기로 결정했고, 보주를 지키고 있던 발해인 태보(太保) 하행미(夏行美)는 오히려 상관인 통수(統帥) 야율포고(耶律蒲古)에게 보고하여 발해 출신 병사 8백 명을 처형시키고는 흥요국의 동쪽 루트를 막아버렸다.

전략적으로 중요한 두 지역 모두 차지하는 데 실패하자 대연림은 일부 군대를 파병하여 동경에서 서북쪽으로 인접한 요충지인 심주(瀋州, 오늘날 랴오닝성 선양)를 탈취해야겠다고 작정하였다. 하지만 그곳에도 절도사 소왕육(蕭王六)과 절도부사 장걸(張傑)이 굳게 지키면서 거짓 정보로 흥요국에게 혼선을 줌으로써 함락시키지 못하고 결국 물러나야 했다.

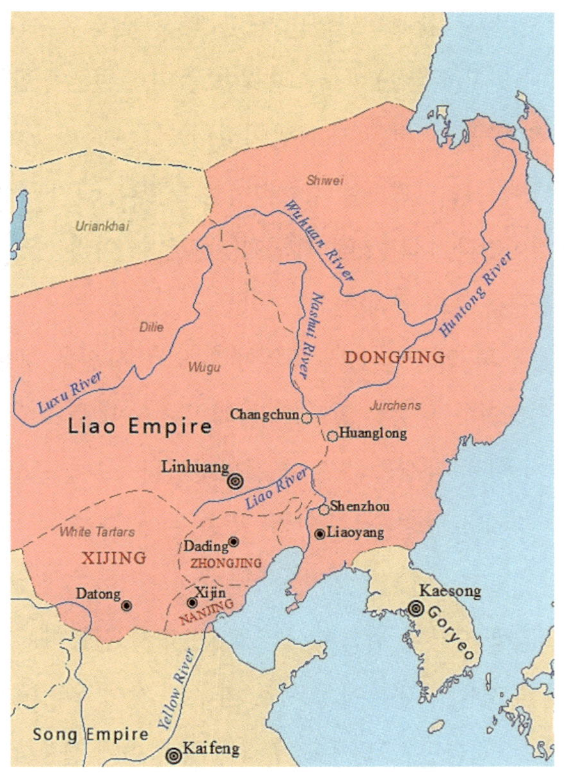

황룡부(Huanglong), **심주**(Shenzhou), **동경 요양**(Liaoyang), **상경**(Linhuang), Wikipedia

그러는 사이 10월 1일에 요나라 토벌군의 부대 구성이 마무리되었다.

- 사령관(都統): 남경유수 연왕(燕王) 소효목(蕭孝穆)
- 부사령관: 국구상온 소필적(蕭匹敵)
- 도감(都監): 해(奚) 6부의 대왕 소포노(蕭蒲奴)
- 부도감: 해왕 소아고진(蕭阿古軫)

이 외에도 통군(統軍) 위와(委窊), 임시 연경유수(燕京留守) 소혜(蕭惠), 추밀사(樞密使) 마보충(馬保忠) 등이 토벌군에 합류하였다.

이제 수세에 몰린 것은 대연림이었다. 그는 수도 동경성에서 공성전에 대비하는 한편으로 성동격서를 노렸다. 그가 준비한 것은 여진족 세력이었다. 태사(太師) 대연정(大延定)이 여러 여진 부족들을 이끌고 거란군을 측면 공격하였다.

대연정은 전투 와중인 12월 6일에 별도로 사신을 보내 고려에 원군을 요청하였다. 현종은 앞서 한 차례 뜨거운 맛을 보긴 하였지만 그래도 다시 한번 재상들을 모아 검토하였다. 그때도 보수적으로 불간섭을 주장하였던 최사위가 채충순과 함께 반대 의견을 개진하였다.

"전쟁은 본래 지극히 위험한 것으로, 반드시 신중하게 접근해야 합니다. 물론 저들이 내부에서 서로 싸우는 것이 우리에게 이익이 될 수도 있겠습니다만, 그럼에도 우리는 성 방어에 집중하면서 상황 변화를 지켜봄이 좋겠습니다."

이에 현종은 이번에는 최사위의 손을 들어주었다. 그는 마침 상중이던 서북면 판병마사(判兵馬使) 류소(柳韶, ?~1038)에게 부득이 업무 복귀를 명하고는 혹여나 있을지도 모를 국경 부근에서의 변란에 대비토록 하였다. 실제로 이 무렵부터는 요나라 내 상황이 극도로 혼란해지면서 요나라 정부와의 연락도 두절되었다.

해가 바뀌어 1030년 1월 13일에도 또 흥요국에서 앞서 한 차례 온 적이 있는 고길덕을 재차 파견하여 고려 측에 지원군 파병을 요청하였다. 물론 이제는 보수적 대외 기조를 완전히 확정한 상황이었기에 고려는 대응하지 않았다.

급한 것은 흥요국이었다. 7월 14일에는 다시 행영도부서 유충정이 영주자사(寧州刺史) 대경한(大慶翰)을 고려로 보내서 구원을 간청하였다. 유충정은 바로 21년 전에 강조의 정변 당시 목종 편에 섰던 바로 그 인물이다. 앞에서 설명한 바 있듯이 그는 그 이후 거란 측에 끌려갔다가 모종의 과정을 거쳐 대연림의 발해부흥운동에 합류하게 되었던 모양이다. 영주 자체가 1011년 거란군이 고려 내의 발해유민들을 끌고 갔던 지역이다. 어쨌거나 이들의 이토록 간절한 염원은 고려 정부의 보수적 관료주의라는 높은 벽에 가로막혀 아무런 결실도 맺지 못하고 시간만 흘러갔다.

그렇게 운명의 날인 8월 25일이 다가왔다. 동경성 내의 흥요국 측 장군인 양상세(楊詳世)가 요나라에 항복하기로 마음먹고는 밤에 몰래 남문을 열어 토벌군의 진입로를 터주었다. 결국 대연림은 사로잡히고 흥요국의 발해부흥운동은 불과 1년 만에 평정되고 말았다.

이런 사실을 모르고 9월 6일에 고려에 와서 흥요국의 위급한 상황을 알리면서 구원을 요청하던 영주자사(郢州刺史) 이광록(李匡祿)은 얼마 후 흥요국의 멸망 소식을 듣고는 다 포기하고 고려에 망명을 신청하였다.

이상과 같이 발해유민들이 일으킨 대거란 항거를 살펴보았는데, 독특한 점은 이들이 고려에 끊임없이 러브 콜을 보내왔다는 사실이다. 우선 고려와 발해는 같은 민족이라는 식의 낭만주의를 걷어내고 보면, 이들은 저항의 성공과 생존을 위해 실리적인 이유로 고려 측에 기댔다고 봄이 타당하다. 지리적으로도 당연히 가깝고, 지역에서 가장 정치적으로 안정된 국가이기도 했으니 말이다.

더욱이 흥요국 건국에 동참한 이들 중에는 고려를 잘 아는 인물들도 섞여 있었다. 대표적으로 유충정처럼 고려 출신으로 거란에 끌려온 인물들이 있었다. 이들은 고려의 내부 사정을 속속들이 알고, 또 고려 내의 인맥도 분명 가지고 있으면서, 동시에 고려인들의 반거란 정서에 기댈 여지도 충분히 인지하고서는 이를 매개로 설득이 가능하다고 판단했을 것이다.

이들의 요청에 부응하였던 곽원을 한번 보자. 그는 발해와는 하등 상관이 없는 청주(淸州) 출신으로, 성품도 청렴하고 관리로서 유능하다는 평가를 받았으며 평상시 언행이 공손하고 용모도 단정하였다고 전해지는 인물이다. 성종 때인 996년에 과거급제한 이후 나중에는 송나라와 요나라를 모두 외교사신으로 다녀온 바 있는 엘리트 관료였다. 또한 1024년에는 서북면행영도통(西北面行營都統) 서눌과 함께 부통사(副統使)로 근무하면서 국방에 대한 견문도 넓혔는데, 한번은 여진이 동북방 국경을 침범해 오자 강력 대응을 주장하는 등 기본적으로 북방 이슈 관련해서는 주전파로 자리매김을 하였다.

그의 이력을 보면 목종 때 내사문하성에서 기거사인(起居舍人, 종5품)까지 승진하였다고 하니, 동기간에 상서도성에서 좌사낭중(정5품)으로 근무하며 목종을 가까이에서 모시고 있던 유충정과 어떻게든 아는 사이였을 것이 분명하다. 그런 인맥과 사람에 대한 성향을 기반으로 거란의 후방을 교란할 목적으로 공격을 사주할 수 있다고 판단하고는 우회적으로 고려군의 개입을 유도하였을 개연성은 과연 없었을까.

즉 이처럼 실리적인 관점에서 고려를 끌어들이는 게 흥요국의 목표였을 것으로 추정해 볼 수 있을 것이다. 마찬가지로 흥요국은 오랫동안 거란의 지속적인 탄압을 받던 여진족도 끌어들이는 데 성공하기도 했다. 어찌 되었든 외교에서는 감정보다는 실리가 우선되는 것이 맞다. 즉 여기서 조심해야 할 부분은 흥요국 측의 지원 요청에 따른 고려의 보주 공격이 같은 민족으로서의 흥요국에 대한 지원 차원이라고 단정 지으면 안 된다는 것이다. 역으로 고려의 입장에서도 고위급 관료들이 낸 의견들을 참고해 보면 북방의 잠재적국 내부의 혼란을 실리적으로 활용할 가치가 있는 기회로 여겼다고 봄이 훨씬 타당하다.

이처럼 발해유민과 고려의 관계는 어느덧 실리적인 관계 그 이상일 것으로 낭만적으로 해석할 단계는 아니었다. 실제로 한 번의 공격 실패 이후 고려는 다시는 흥요국의 참전 요청에 응하지 않았다. 외교든 정치든 서로의 이해관계가 맞아떨어져야 움직이는 것이다. 이러한 상황은 거의 백 년이 지나 다시 한번 반복된다. 조건은 동일하지만 다만 이번에는 그 과정만큼은 전혀 다르게 흘러간다.

최후의 발해인

1115년 2월의 어느 봄날, 거란의 심장부인 시라무렌강 상류의 요주(饒州)에서 반란이 일어났다. 그 주체는 발해인 고욕(古欲)이었는데, 거병 과정에서 3만여 병력을 이끌게 된 그는 스스로 대왕이라고 칭하였다고 한다. 구체적인 사유는 밝혀져 있지 않지만 반란 지역이 발해유민들이 거주하던 곳이었기에 역사에서는 이를 발해부흥운동의 하나로 보고 있다. 고욕의 항전은 매우 치열했던 듯 1차 토벌군이 그에게 패배하자 대규모의 2차 토벌군이 추가로 투입되었으나 그 역시 고전을 면치 못했다. 그러다 결국 6월에 고욕은 생포되었고 수천 명이 전사하는 패배를 겪는 것으로 이들의 거병은 비참하게 마무리되었다. 하지만 이는 그저 예고편에 불과했다.

1116년 새해의 첫날 밤, 동경유수 소보선(蕭保先)이 젊은 발해인들 10여 명에게 암살당하는 사건이 발생했다. 이곳 동경, 곧 요양은 원래 오래전부터 발해의 땅이었던 만큼 발해의 색채가 강한 지역이었다. 더욱이 요나라 이후 금나라 때까지도 일명 발해성이라고 불렸을 정도로 동경은 곧 발해인들에게는 마음의 고향과도 같은 곳이었다. 그런데 문제는 이 당시 동경유수가 지나치게 엄격하고 잔인해서 핍박받던 발해인들이 참다 못해 이런 일을 벌인 것이었다. 이 사건을 주도한 발해인 비장(裨將) 고영창(高永昌)은 열흘 만에 8천의 병력을 확보하고는 동경을 발판으로 대발해(大渤海)를 건국하고 스스로를 황제로 선포하였다.

그 여파는 컸다. 일부 거란인들까지 자발적으로 대발해에 가담하였을 만큼 이들의 초반 기세는 거셌다. 전년에 일어났던 고욕의 난 당시 근거지였던 요주뿐만 아니라 광주(廣州), 고주(高州), 춘주(春州) 등 발해유민들의 지역이 속속 대발해에 합류하였다. 하지만 대발해에게 불운이었던 것은 이 당시 거란은 이빨 빠진 호랑이에 불과하긴 했어도, 바로 전해에 새로 금나라를 세울 정도로 한창 기세를 올리고 있던 동쪽의 여진족이 똑같은 신생국인 대발해 측에 고자세로 나왔다는 점이었다. 거란을 상대하기에도 벅찼던 대발해로서는 양쪽의 강대국 사이에 끼게 된 셈이었다. 그렇게 전황은 예상치 못하게 불리하게 돌아갔고, 결국 고욕과 마찬가지로 고영창의 대발해는 5월 말 금나라에 의해 멸망당하고 만다.

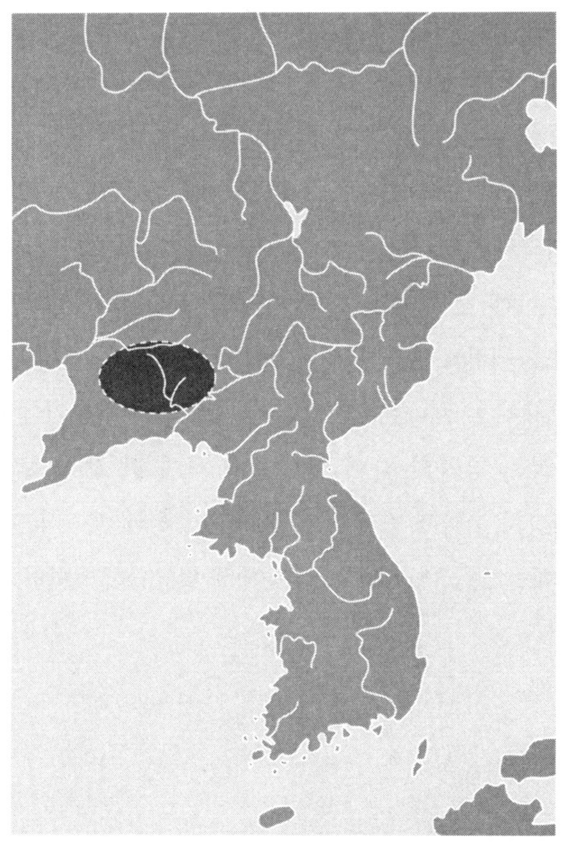

대발해, Wikipedia

그런데 흥미로운 지점은 고영창은 바로 이웃 나라인 고려에는 전혀 도움을 요청할 생각도 하지 않았다는 사실이다. 오히려 그는 고려 측 사신을 겁박하여 거란으로 보내려던 선물을 빼앗는 등 강압적인 자세를 보였다. 반대로 여진족의 금나라에게는 군사지원을 요청하며 어떻게든 끌어들이려고 노력하였다. 1백 년 전만 해도 흥요국의 대연림이 고려 측에 연신 사자를 파견하면서 어떻게든 그들의 지원을 이끌어내려고 노력하였던 것과는 많이 대비가 되는 모습이다.

아마도 과거 고려가 끝내 등을 돌렸던 뼈아픈 기억이 발해유민 집단에 오래도록 남아 있었던 것이거나, 아니면 이제는 고려가 군사적 측면에서 별로 도움이 되지 않는다는 실리적인 판단하에 그렇게 행동한 것은 아닐까. 어쨌거나 대발해 몰락 이후 발해인 96명이 고려로 개별적으로 망명해 온 사실만이 전해진다. 여러모로 발해유민들이 고려에는 더 이상 기대를 가지지 않았다는 것이 숫자로도 읽힌다.

이렇듯 세월이 흐르면서 외국에 남아 있던 발해유민들에게도 고려는 이제 관심의 대상이 아니었다. 마찬가지로 고려에게도 발해인들의 일은 사실상 그저 남의 일이었다. 영어식 표현으로 눈에서 멀어지면 마음도 멀어진다(Out of sight, out of mind)는 말 그대로였다. 더 이상 고려와 발해 사이에는 혈연적으로도 정서적으로도 공유되는 것은 없었다. 이들 사이 어디에도 경계인은 더 이상 존재하지 않았다. 그렇게 이들의 오랜 옛 관계는 망각의 늪 속으로 흐릿하게 사라져 갔다. 아무도 기억하지 않고 또 기록하지 않으면 결국 전해지는 것도 없게 된다. 이제 어느 누구도 과거를 회상하고 추억하는 일은 없었다.

에필로그

경계인의 소멸

발해는 926년 1월 거란군의 전격전에 의해 급격히 무너져내렸다. 발해의 유민들은 이때 거란 및 나중에는 여진에 흡수되었으나, 그렇게 뿔뿔이 흩어진 이후 어디 한 군데에도 완전히 정착하지 못한 채 무려 200년 동안 매 순간 발해의 부흥을 시도하면서 살아남았다.

고려는 남북국시대가 서서히 저물어 가던 889년을 기점으로 한반도를 강타한 극심한 사회 혼란을 가까스로 해소해 나가던 와중인 918년 6월 정식으로 건국을 선포하였다. 이로부터 17년 후인 935년 11월 신라의 대승적인 항복과 바로 다음 해 9월 후백제와의 최후의 결전을 통해 후삼국 통일을 완성 짓게 된다.

이 두 국가의 공통점은 옛 '고구려'를 계승한다는 것뿐, 서로 인적 구성이나 영토 기반, 국가 체계 등 그 어느 것 하나 유사점이 발견되지 않는다. 물론 고려의 건국보다 발해의 멸망이 먼저였기에 그 유민들이 고려 사회로 대거 망명해 온 사실은 주목해 볼 만한 것이나, 사실 지리적으로 인접해 있다는 측면에서의 결과로 이해할 여지도 있다.

그런데 여기서 하나 주목해서 보아야 부분이 있다. 바로 고대 국가들은 국경선이 오늘날처럼 하나의 접해 있는 선으로 명확히 구획되어 있지 않다는 점이다. 특히 발해의 경우 신라와 한반도 내에서 남북국의 관계를 오랫동안 유지해 왔는데, 구체적인 경계선을 정하고 한 공간에서 공존해 왔던 것은 아니었다. 양국 사이에 폭넓은 비무장지대를 설정하여 암묵적으로 서로가 그 영역을 무단 점거하거나 침공하지 않는 것으로 불완전하나마 양국의 평화 관계를 유지해 왔던 것이다.

그렇다면 그 사이에는 사람들이 과연 살지 않았었을까? 어쩌면 당연한 얘기이겠지만 누군가는 살고 있었으리라 보는 게 합리적일 듯하다. 크게 보면 어느 쪽 사회에도 속하지 않았던 사람들, 그리고 또 양쪽에 어느 정도 발을 걸치고 살았던 사람들이 분명 그 중간지대를 기점으로 존재해 왔을 가능성이 높다. 누구나 최소한 어느 한 국가의 시민권을 가져야 한다는 것은 사실 우리들의 고정관념일 뿐, 그 당시의 상식과는 딱히 맞지 않을 수 있다는 점을 이해해야 한다.

남북국시대 말미의 발해와 신라, 그리고 발해 멸망과 고려의 후삼국 통일 사이에 존재했을 바로 그 '경계인(境界人, marginal men)'이 내가 관심을 갖게 된 존재였다. 현실에서는 양쪽에 다 속하면서도 사실 어느 한 군데에도 완벽하게 소속되지 못한, 그리고 실제로 양쪽 사회에 동시에 공존하고 있으면서도 내심 어디에도 완전히 소속감을 가질 수 없었던 그들. 발해인과 고려인 사이의 어디엔가 있었을 그들의 존재를 추적해 보고자 하였던 것이 이 책의 시작이었다.

그렇게 그 시작점을 9세기 말엽으로 잡고, 고려의 건국 이후 발해라는 존재가 완전히 소멸되는 그 언젠가까지의 긴 시간 동안 대격변기를 겪은 중간자적인 이들의 역사, 그들이 살았던 국경 안팎 경계선의 잊힌 역사를 살펴보고자 하는 것이 이 책의 목표였다.

역사에서도 중심이 아닌 저 멀리 주변부에 위치해 있던 이들에 대한 정보는 더더군다나 구하기 힘들 수밖에 없기에 솔직히 쉬운 접근은 아니지만, 그럼에도 단편적으로 그들이 남긴 정보와 우연히 남겨진 기록의 편린들을 모아 여기까지 왔다. 부족하나마 주류 역사에서 주목받지 못한 이들을 오늘에 되살릴 수 있다면 그 또한 의미가 있는 작업일 것이다.

제대로 된 기록으로는 남지 못하였지만 어딘가 역사의 빈틈 사이에서 생존하고 활동해 온 누군가가 있었음을 상기하는 일은 그것대로 분명 가치가 있을 것이다. 고려와 발해 사이에 끼어 있던 경계인들의 부활을 꿈꾸며, 그들의 존재이유(raison d'être)를 다시금 되새겨 볼 수 있기를 바라마지 않는다.

참고문헌 및 자료

[기본 사료]

『발해고(渤海考)』, 『고려사(高麗史)』, 『고려사절요(高麗史節要)』, 『삼국사기(三國史記)』, 『삼국유사(三國遺事)』, 『제왕운기(帝王韻紀)』, 『해동역사(海東繹史)』, 『동사강목(東史綱目)』, 『신증동국여지승람(新增東國輿地勝覽)』, 『요사(遼史)』, 『송사(宋史)』, 『금사(金史)』, 『만주원류고(滿洲源流考)』, 『속자치통감장편(續資治通鑑長編)』, 『사요어록(使遼語錄)』, 『고려도경(宣和奉使高麗圖經)』, 『송막기문(松漠紀聞)』, 『발해국지장편(渤海國志長編)』, 『동북통사(東北通史)』 등

[금석문]

채인범(蔡仁範) 묘지명(1024), 유지성(劉志誠) 묘지명(1045), 임광(林光) 묘지명(1152), 박경인(朴景仁) 묘지명(1122), 박경산(朴景山) 묘지명(1158), 신숭겸(申崇謙) 충렬비(1607) 등

[단행본]

구난희 外, 『요·금시대 발해인의 삶과 문화』, 한국학중앙연구원출판부, 2020

김갑동, 『고려 태조 왕건정권 연구』, 혜안, 2021

김갑동, 『고려 현종 연구』, 혜안, 2022

김용선, 『먼 고려사 가까운 이야기』, 일조각, 2022

김위현, 『여진·금사연구』, 예문춘추관, 2024

김은국, 『발해유적의 국가별 발굴 성과와 재해석』, 동북아역사재단, 2020

김인희, 『전사들의 황금제국 금나라』, 동북아역사재단, 2021

김창겸, 『고려 초기 정치사회사』, 선인, 2022

김학준, 『남북한문전 3 - 중세: 통일신라·발해·후삼국·고려』, 단국대학교출판부, 2019

나영남, 『요·금시대 이민족 지배와 발해인』, 신서원, 2017

노태돈, 『고구려 발해사 연구』, 지식산업사, 2020

동북아역사재단 한국고중세사연구소, 『발해사 자료총서: 한국사료편 권1』, 동북아역사재단, 2021

동북아역사재단 한국고중세사연구소, 『발해사 자료총서: 한국사료편 권2』, 동북아역사재단, 2021

동북아역사재단 한국고중세사연구소, 『발해사 자료총서: 중국사료편 권1』, 동북아역사재단, 2023

동북아역사재단 한중연구소, 『발해사 자료총서: 일본사료편 권1』, 동북아역사재단, 2024
사람으로 읽는 한국사 기획위원회, 『왕조의 마지막 풍경』, 동녘, 2008
사람으로 읽는 한국사 기획위원회, 『이미 우리가 된 이방인들』, 동녘, 2007
송기호, 『발해 사학사 연구』, 서울대학교출판문화원, 2020
우재훈, 『강조의 난』, 북랩, 2017
우재훈, 『개혁군주 광종』, 북랩, 2017
우재훈, 『발해제국 연대기』, 북랩, 2017
이문영, 『하룻밤에 읽는 남북국사』, 페이퍼로드, 2025
이바른, 『고려시대 외국인 이주 연구』, 고려대학교 민족문화연구원, 2022
이병희, 『고려시기 사냥꾼 양수척과 정주 사회』, 경인문화사, 2022
이효형, 『발해유민사 연구』, 혜안, 2007
이희근, 『우리 안의 그들 역사의 이방인들』, 너머북스, 2008
임상선, 『새롭게 본 발해유민사』, 동북아역사재단, 2019
정석배 外, 『발해유적총람Ⅲ-북한지역』, 예지안, 2023
정석배, 『발해 강역 연구』, 예지안, 2024
정해은, 『고려, 북진을 꿈꾸다』, 플래닛미디어, 2009
중앙문화재연구원, 『발해 고고학』, 진인진, 2021
후루하타 도루, 『발해국이란 무엇인가』, 민속원, 2025

[참고 자료 및 원문 출처]

국사편찬위원회 한국사데이터베이스(db.history.go.kr)

한국고전번역원 한국고전종합DB(db.itkc.or.kr)

국립중앙박물관 e뮤지엄(emuseum.go.kr)

국가유산청 국가유산포털(heritage.go.kr)

국립문화유산연구원 국가유산지식이음(portal.nrich.go.kr)

위키피디아(wikipedia.org)